智慧教师都在用的
工具箱

16个支持性工具赋能学教变革

U0738899

鲍雯雯　编著

陆　隽　石　现　梅钊钊　绘

编　委

杨莉佳	吴　昕	李一帆	方慧青
梅钊钊	吕　霞	张甜灵	姚怡弋
叶文晓	徐　昊	陈一鸣	耿夏琴
陈金冬	张　静	王伟丽	徐　茜
黄　珩	胡　迪		

ZHEJIANG UNIVERSITY PRESS
浙江大学出版社
· 杭州 ·

图书在版编目（ＣＩＰ）数据

智慧教师都在用的工具箱：16个支持性工具赋能学教变革 / 鲍雯雯编著. -- 杭州：浙江大学出版社，2023.5（2023.11重印）

ISBN 978-7-308-23722-2

Ⅰ. ①智… Ⅱ. ①鲍… Ⅲ. ①中小学—教学法 Ⅳ. ①G632.4

中国国家版本馆CIP数据核字(2023)第074313号

智慧教师都在用的工具箱
16个支持性工具赋能学教变革
ZHIHUI JIAOSHI DOU ZAI YONG DE GONGJUXIANG
16GE ZHICHI XING GONGJU FUNENG XUEJIAO BIANGE

鲍雯雯　编著

责任编辑	丁佳雯
责任校对	徐娅敏
封面设计	林智广告
出版发行	浙江大学出版社
	（杭州市天目山路148号　　邮政编码　310007）
	（网址：http://www.zjupress.com）
排　版	杭州林智广告有限公司
印　刷	杭州宏雅印刷有限公司
开　本	880mm×1230mm　1/32
印　张	6.875
字　数	140千
版印次	2023年5月第1版　2023年11月第2次印刷
书　号	ISBN 978-7-308-23722-2
定　价	30.00元

推荐序 1

体会学习之变　支持自主探究

2022 年 4 月，教育部印发了《义务教育课程方案（2022 年版）》，强调要深化教学改革，坚持素养导向、强化学科实践、推进综合学习，积极开展主题化、项目式学习等综合性教学活动。这一教学改革方向与浙江省 2016 年启动的 STEAM 教育与项目化学习探索非常吻合。项目化学习正是综合体现上述精神的可行的实践方向。它既是落实跨学科学习的重要形式，也是改进学科教学的新的突破口，是常态教育教学中发展学生核心素养的重要途径。

在项目化学习实践中，我们能够体会到学生学习机制的改变。学习的驱动，不再只是知识技能，而更多的是解决真实情境中的问题的迫切需要；学习的承载，不应再是灌输、题海与简单训练，而应是丰富而深刻的学科实践；教师的学习指导，不能只是口耳相授的直接指导，而要更多地应用支持性工具来促进学生的自主探究。过多的直接指导会导致学生对教师指导的依赖，使学生失去自己学会知识、自己解决问题的机会。

支持性工具是教师们不太熟悉的新词。它可以被视为将教师原来的临场指导"标准化"为简明清晰的思考提示或任务单。在一组具有方法意义的追问或自我设问中，在若干有结构意义的关键词的提示下，学生自己渐渐理解，在解决问题的同时，形成可以迁移的思考问题的基本模式。因而，它的出现，更加彰显了"学习"的中心地位，突出了学习者的主体地位，促进学生思维发展与主动学习，体现学习的方法立意（取向）与素养立意。

在浙江省项目化学习实践推进中，我们认为，支持性工具是推动学习机制之变的实践要素，并以之为 2022 年的重点研究方向。有多年海外学习经历的杭州市西湖区项目化学习教研员鲍雯雯博士是这一研究方向的领衔人。她在西湖区带领教师团队对国内学校以及国外包括哈佛大学零点项目思维能力训练方法、斯坦福大学设计学院（d.school）设计的思维工具以及巴克教育研究所相关项目化学习工具等大量支持性工具进行了梳理，并组织西湖区上百名教师对工具进行了深入探索和实践运用。

杭州市西湖区是浙江省中小学 STEAM 教育试点区之一，积极探索区域推进 STEAM 教育与项目化学习的路径，通过专业的研究指导、科学的评价体系培育了一批种子学校和种子教师，并取得了相当不错的进展，为项目化学习的区域推进积累了宝贵的经验。西湖区以共享为核心加强项目化学习资源库建设，满足了教师的个性化学习需求，同时建立了"资源共享、优势互补、全面共建、内涵发展"的联动机制。截至目前，西湖区已建设完成丰富的、有区域特色的校本研修库、项目案例库和学教变革工具库，为西湖区教师全员参与 STEAM 教育与项目化学习、开展研修活动，以案例和工具为抓手提升项目设计与实践能力等提供了强有力的支持。

该书展现了杭州市西湖区在项目化学习推进中，关于"支持性工具"的深度研究与实践成果，是鲍雯雯博士及其所带领的教师团队的智慧结晶。该书不仅有详细的工具介绍，更重要的是提供了大量真实课堂的工具应用案例，为教师在基础教育阶段如何在多场景中有效迁移运用支持性工具、助力课堂教学提供了范例。相信各位读者阅读之后能有所启发和收获。

在推动学教变革，落实新课程方案、迎接新课程落地的实践中，有你有我，共同携手。

浙江省教育厅教研室　张　丰

2022 年 12 月 1 日

助高质量学习　促学与教变革

近年来，项目化学习作为一种以学生为中心、以培养学生核心素养为导向的教与学方式，备受教育界的关注。最新修订的《义务教育课程方案（2022 年版）》也提出了要探索大单元教学，积极开展主题化、项目化学习的综合性教学活动。

浙江省自 2016 年以来，从开展 STEAM 教育探索逐渐聚焦项目化学习，研究推进项目化学习，并取得了一定的成效。在浙江，我们从教育教学改革实践的发展角度审视项目化学习，认为项目化学习是 STEAM 教育的典型方式，也是研究性学习的坚持、课堂教学改革的深化、长程任务视角的作业改革，是素养发展取向的学习方式。但在实践中，项目的设计与实施还存在一些问题，我们此前对 100 个项目案例进行总体分析，发现不少项目在支持学生学习方面还有提升的空间。很多时候学生能获得一些教学支持，但仅仅限于与教学相关的内容和资源，教师没有基于学生的学情提供有针对性的支持性工具，以作为有力的教学支架为学生的学习活动开展提供支持与帮助。

根据苏联心理学家维果茨基的最近发展区理论，学生能够借助支架达到超过其现有水平的潜在发展水平。支持性工具作为学习支架，能够帮助学生更好地完成核心任务，提升核心素养与综合能力。

借助支持性工具，教师能够有效引导学生聚焦真实问题，促进深度思考，从而促进实践中的学习真实发生。如该书所收录的 AEIOU 情境观察法，从活动、环境、交互、物体、用户五个维度对场景进行深度分析。从工具的使用情况来看，学生能够根据提供的思维工具作为支架进行深入思考，而我们从学生的回答结果分析中能够看出学生的观察能力得到提高，观察到的信息更全面深入，也由此更加理解和感受用户的所思所想。学生在使用工具观察时是认真且深入的，并且能对工具的局限性进行反思。

类似的支持性工具还有很多，而怎样将工具"为我所用"，助力自己的课堂教学甚至是教研，还需要广大教师们进行深入的研究与实践。西湖区率先开展探索，在区项目化学习教研员鲍雯雯博士的带领下，一批西湖区教师对支持性工具展开了广泛的研究与实践。通过收录教师们在实践过程中高频使用的支持性工具，并精选出对应工具的典型应用案例，最终汇编成了体现中国本土学教实践的工具书。

期待广大读者充分利用该工具书进行学习和实践反思，不断形成自己的教学或教研的"工具箱"，从而在项目化学习以及常态课中更好地支持学生的学习，助力高质量学习活动的开展，促进学教方式变革。

浙江省教育厅教研室　管光海

2022 年 12 月 1 日

导 读

*W*HAT/ 什么是支持性工具？

工具指工作时所需用的器具，后引申为达到、完成或促进某一事物的手段。支持性工具泛指教师为支持学生达成某一学习目标或完成某一核心任务所使用的结构化的流程框架、教学策略和思维路径等，通常也被称为学习支架。本书将这些具有辅助性特征的流程框架、教学策略和思维路径称为支持性工具，旨在鼓励教师拥有自己的教学或教研的"工具箱"，通过阅读本书的工具内容，能够在后期实践的过程中不断学习、思考、探索和优化这些工具，最终丰富自己的"工具箱"，助力教师和学生共同成长。

*W*HY/ 为什么关注支持性工具？

对支持性工具进行了解和运用，能够为教师的教和学生的学带来好处。**首先，能够帮助教师更好地进行学习活动的设计来支持学生的学习。**例如：在课堂上，教师发现在方案构思阶段，学生总是苦于想不出好的解决方案和想法。通过对头脑风暴、创意激发等相关的支持性工具的学习，教师能够在学习活动设计的时候，考虑运用 6-3-5 头脑风暴、奔驰法或者角色脑暴等工具，在方案构思阶段帮助学生在较短的时间内激发创意，创生出大量的想法和解决方案，助力学生完成核心任务。基于苏联心理学家维果茨基的最近发展区理论，学生有两个发展水平，一个是实际发展水平（即学生在没有他人帮助下独立解决问题的能力），另一个是潜在发展水平（即在成人或其他更有能力的同伴的帮助下解决问题的能力）。支持性工具的支持能够使学生由实际发展水平提升到潜在发展水平。

其次，能够让课堂更以学生为中心，体现学生的主体性。支持性工具不管是在项目化学习中，还是在日常课堂的情境里，都始终扮演着支持和促进学生学习的角色。而教学的目的除了帮助学生理解核心概念、完成核心任务外，同时也包括传授给学生创新性解决问题的方法论。支持性工具在学习活动中的设计和运用，除了能辅助支持学生完成核心任务，同时还能传授给学生解决问题的方法和工具，帮助学生在不同情境中调用相关的工具用于问题的解决。例如：AEIOU 情境观察法工具学习能够帮助学生了解和掌握如何对生活中的现象和问题进行多方面的观察和思考。教师需要明白提供支持性工具并不是最终的目标，如果教师撤掉支持性工具，学生就不能完成任务，那么学生其实仅仅是借着工具的辅助完成任务而已。我们的目标是通过教师前期有目的和有计划的学习工具搭建，使学生最终能够内化形成帮助自己达成学习目标的"工具箱"。

虽然，目前市面上关于"问题解决工具""设计思维工具"和"思维路径"的书很多，但是针对基础教育如何有效运用的书少之又少。为了帮助更多的教师和学生开展高质量的学习活动，促进学教方式变革，我们对国内高校以及国外包括哈佛大学零点项目思维能力训练方法、斯坦福大学设计学院（d.school）设计的思维工具以及巴克教育研究所相关项目化学习工具等进行了梳理，组织杭州市西湖区上百名教师对工具进行了深入探索和实践运用，最终汇编成了体现中国本土学教实践的案例。

本书将帮助你：

- 了解不同类型支持性工具及其使用方法；

- 在阅读他人案例时得到启发和灵感，迁移运用到自己的课堂、教研或学校管理中，创新工具在多场景的运用；

- 支持和促进学生学习，助力其达到潜在发展水平；

- 提升创造性思维能力，促进学教方式变革。

How! 如何用好这本书？

支持性工具学习和使用的核心步骤如下。

第一步：检索确定支持性工具

你可以利用本书第一章中的"支持性工具索引"确定你想要深入了解和学习的工具。本书第一章提供了支持性工具分类的两种检索形式。

如果你的问题比较宽泛，不是特别具体，那么请使用第一种索引表（见第一章表 1，本书第 3 页）：

✓ 根据支架类型确定你想要深入探究学习的工具；

✓ 查看表中关键词，根据工具的作用类别和关键词选择合适的工具；

✓ 浏览表格中列出的数种方法，找到最为合适的工具。

如果你的问题非常具体，那么请使用第二种索引表（见第一章

表2，本书第4页），表格中会给出适合你使用的工具。

切记，你可以对书中的工具和方法进行组合，创造出更有效的解决问题的工具和方法。

第二步：探索支持性工具的使用

选定你想深入了解和学习的支持性工具后，就可以进入特定工具的探索环节了（见第二章）。你可以通过阅读工具的介绍以及真实教学场景中的工具应用案例，快速了解工具的使用场景和方法，链接自己的课堂，创想如何模仿实践工具，同时拓展思维并拓宽视野，联想和创生工具更多的使用场景和延伸使用方法。

在模仿实践具体工具时，建议可以参考以下使用流程。

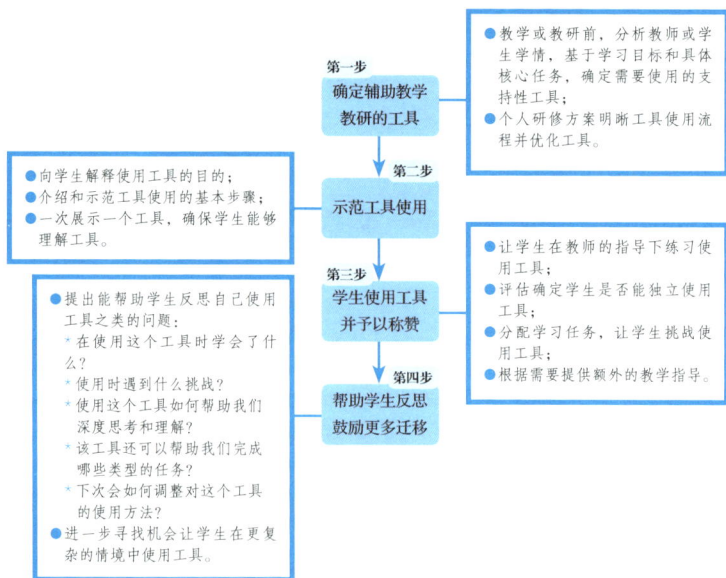

第一步 确定辅助教学教研的工具
- 教学或教研前，分析教师或学生学情，基于学习目标和具体核心任务，确定需要使用的支持性工具；
- 个人研修方案明晰工具使用流程并优化工具。

第二步 示范工具使用
- 向学生解释使用工具的目的；
- 介绍和示范工具使用的基本步骤；
- 一次展示一个工具，确保学生能够理解工具。

第三步 学生使用工具并予以称赞
- 让学生在教师的指导下练习使用工具；
- 评估确定学生是否能独立使用工具；
- 分配学习任务，让学生挑战使用工具；
- 根据需要提供额外的教学指导。

第四步 帮助学生反思鼓励更多迁移
- 提出能帮助学生反思自己使用工具之类的问题：
  * 在使用这个工具时学会了什么？
  * 使用时遇到什么挑战？
  * 使用这个工具如何帮助我们深度思考和理解？
  * 该工具还可以帮助我们完成哪些类型的任务？
  * 下次会如何调整对这个工具的使用方法？
- 进一步寻找机会让学生在更复杂的情境中使用工具。

支持性工具一般使用流程

　　此外，在运用工具的过程中，为了确保有效性，发挥工具更大的价值，建议教师遵循工具开发和使用的三大原则，即适时性、引导性和渐隐性。

　　适时性指的是教师应该在学生恰好需要帮助时提供合适的支持，切勿"预先加载"太多工具，应等学生需要或要求时再提供。一些教师目前已经慢慢开始有了工具的意识，但是相应地我们也发现很多教师在进行教学设计时忽略了学生的学情和学习目标，试图将自己所了解的工具都塞进课堂里。这时我们不禁要问：工具提供得越多就越好吗？答案显然是否定的。

　　引导性指的是教师需要利用支持性工具引导学生自主探究和建构，而非替代学生完成学习任务。例如：借助关系图，可以引导学生剖析人物的特点以及其与不同角色之间的关系；借助观察记录单，可以引导学生进行自主观察和内容记录；借助思维导图，可以引导学生深入探究某概念的特征；借助鱼骨图，可以引导学生归因分析，并探索解决问题的方法与策略等。

　　渐隐性指的是学生的能力将不断提升，最终脱离支持性工具的辅助，因而工具需要具有渐隐性，使学生逐渐掌握学习的主动权。如以学生完成英语剧本撰写这个核心任务为例，首先学生通过非常结构化的表单阅读典型剧本，记录该剧本内的相关要素信息，明确剧本的要素。然后学生利用第二份结构化的表单创造自己的剧本主角，并思考该主角的相关信息。接着学生再借鉴典型剧本的故事结构，根据第三份半结构化的表单代入自己创设的角色，构思剧本情节。最终借助评价表单，独立完成剧本的撰写。在这一系列学习活动中所提供的支持性工具，从非常结构化，到结构化，再到半结构化，逐渐到辅助性的评价提示，其实就体现了支架的渐隐性，从教师的责任逐渐转移到学生主体的责任。支架的渐隐性可以体现在某一核心任务下系列活动中工具的设计，也可以体现在不同项目类似核心任务中的工具设计上。

第三步：检验支持性工具的使用效果

教师在使用支持性工具前，应该思考：我预期该支持性工具可以解决什么问题或者我预期该支持性工具可以达到的目标是什么；我在使用这个支持性工具的时候，会留意和观察什么才能证明我的工具使用是有效的；确定好工具使用的预期目标和需要收集的相关证据后，教师在过程中应该注意观察学生在使用该支持性工具时的行为表现和面部表情，是不是存在困惑或者有其他疑问，从而反思自己提供的支持性工具是不是有效和充分的。在使用过后，教师还可以根据工具应用实践中产生的问题进行归因分析，诊断问题，形成研究的主题，再通过阅读相关文献和资料，确定拟解决该问题的方法与策略，同时设计评估该方法或策略有效性的方法，并再次进行实践，实施验证方法与策略，最后反思总结提炼经验，实现对相应支持性工具的优化和迭代。

希望你会喜欢这本书，读后能有所收获，也真诚地欢迎大家给出反馈，谈谈你的实践、你对书中工具的改良，或者你是如何应用本书中的工具和方法实现学教方式变革的。期待这些工具能帮助大家更加享受思维课堂！

目录

第一章

何时使用何种工具

智慧教师都在用的工具箱

16个支持性工具赋能学教变革

🔍 支持性工具索引

通过表 1，你可以了解到这 16 个工具在学教活动中各环节的应用范围，以及该工具的关键特征。

表 1　适用于不同学习环节的工具

序号	支持性工具	团队建设	探究建构	激发创想	评价反馈	关键词	页码
1	团队协议	✓				探讨、契约	7
2	AEIOU 情境观察法		✓			观察、总结、思考	22
3	观察—思考—提问		✓			观察、梳理、深入思考	36
4	创意提问		✓			激发思考、探究、好奇心	50
5	GSCE（概念图）		✓			观点梳理、结构化、可视化	65
6	鱼骨图		✓			归因分析、深度梳理	73
7	介入—走出去—退一步		✓			反思自身观点、提升思辨能力	86
8	思考—疑惑—探究		✓			梳理、深入思考、探究	100
9	三个为什么		✓	✓		多角度思考、重要性分析	112
10	6-3-5 头脑风暴			✓		创意、观点、脑暴、发散思维	124
11	奔驰法			✓		创新、多角度探索、解决问题	136
12	角色脑暴			✓		代入角色、角色思考、脑暴	149
13	KWL 表		✓		✓	检验已知知识、激发须知内容	160
14	象限量表				✓	方案或创意定位、筛选优化	171
15	结构化反馈模型 PDQ				✓	沟通、评价反馈、亮点、建议、问题	181
16	公开展示记录单				✓	反思、优化、自我检查	193

在日常学习过程中，我们可能会遇到如下问题，针对这些具体问题，支持性工具索引表2将帮助你更快地找到适配的工具。在一个问题的解决过程中，往往有多种工具可以进行尝试，也可以组合各种方法，帮助学生更好地实现深度学习。

表2　解决具体问题的工具

我如何更好地……	我可以尝试……
帮助学生开展高效团队协作	团队协议（7）
激发学生进行仔细观察和深入思考	AEIOU 情境观察法（22） 观察—思考—提问（36） 介入—走出去—退一步（86） 思考—疑惑—探究（100）
帮助学生深度分析，定义问题	AEIOU 情境观察法（22） 观察—思考—提问（36） 鱼骨图（73） 介入—走出去—退一步（86） 三个为什么（112）
激发学生拓展对某概念的理解	观察—思考—提问（36） GSCE（概念图）（65） 介入—走出去—退一步（86）
帮助学生在探究前梳理自己的思路	创意提问（50） GSCE（概念图）（65） 鱼骨图（73） KWL 表（160） 介入—走出去—退一步（86）
激发学生尽可能多地提出自己的想法	创意提问（50） 6-3-5 头脑风暴（124） 奔驰法（136） 角色脑暴（149）
帮助学生在多个方案中进行筛选	象限量表（171）
帮助学生对成果进行合适且有效的评价反馈	公开展示记录单（193） 结构化反馈模型 PDQ（181）
帮助学生在活动结束时进行反思和回顾	鱼骨图（73） KWL 表（160）

第二章

支持性工具百宝箱

智慧教师都在用的工具箱

16 个 支 持 性 工 具 赋 能 学 教 变 革

团队协议

你有没有过这样的困扰呢？

在课堂团队合作环节，学生常常会出现因为团队任务分工不均而产生矛盾的情况。在小组讨论时，也总是会出现一个学生侃侃而谈其他学生沉默不语，或者学生因为观点不一致而产生争执等问题。

如果你有类似的困扰，不妨试试团队合作中的好帮手——团队协议。

这是一个什么样的工具？

团队协议是用于支持学生学习自我管理和团队协作的思维工具，能够帮助学生在项目探索中进行合作探究，解决合作探究中的分歧，以便项目顺利开展。团队协议通常包括学生如何分工协作，团队如何进行意见决策，如何解决团队内的冲突等规则。制定团队协议是

所有人参与和达成共识的过程，可以帮助各年级学生学习如何在团队中发挥自己的独特才能，提升合作能力。

需要准备什么？

团队协议表单或便笺纸。

如何使用这个工具？

1. 团队破冰挑战

提供简单、清晰的团队挑战说明，使学生不需要任何额外的指示就能成功，初步体验团队合作。

2. 着眼合作反思

首先，请学生反思在刚才的活动中"遇到了什么挑战""什么因素使你们的团队获得成功"。

然后，让队友相互分享个人想法，并讨论是什么促成了成功，以及他们是如何克服障碍的。

需要反思的问题如下。

🔄　作为一个团队，你们遇到了什么挑战？

🔄　你们是如何应对这些挑战的？

🔄　在这个活动中，什么因素促成了团队的成功？

🔄　作为一个团队，可以达成什么协议来防止或应对将来出现这样的困难？

3. 思考合作要素

请成员与团队分享自己的需求，讨论异同。然后让团队决定如何尊重队友的需求。

- 当别人说话时，我们如何能做到认真地倾听?
- 当团队分配任务时，我们如何将任务分配得更合理?
- 当队友间产生矛盾时，我们如何解决冲突?

4. 分发团队协议

让每个学生仔细阅读每条协议细目，在团队内讨论并修改完善。团队协议的创设可以分为几种模式：教师直接创设，全班共同创设或每个团队内部商议创设。

5. 审查签订协议

在团队讨论和完成协议之后，审查他们的协议，并确保他们的协议将帮助他们在项目进行期间有效地自我管理和协作。

总之，签订团队协议是非常具有仪式感的一环，能帮助学生全身心投入探究学习，并认识到自己是团队中的重要角色。

团队协议使用小贴士

1. 把控使用时机

入项环节，是团队协议中作用最大的一环，它能影响整个项目中团队合作的氛围和起始团队协议的制定，能够促进每个成员更加高效、高质量地完成各项任务指标。同时，也可以更好地增强团队成员的凝聚力。

2. 注意回顾查看

在知识建构、方案创想、评论修订、成果展示、反思迁移等环节中，需要让团队时时回顾协议内容，帮助指导每个环节的合作。同时，在必要时候，团队也可以重新修订符合当下情况的协议，每个团队的协议可以根据各组情况做针对性调整。

脑力挑战营

回顾上面所学内容，想一想你准备让每组创设不同的团队协议还是全班创设一个，以及不同的模式有哪些利弊。

如何实践应用这个工具？

应用案例1　二年级跨学科课程[1]

1. 团队破冰挑战

师：现在，我们以小组为单位完成一个"故事接龙"游戏。我会给出一个起始情境，要求各小组成员按组内顺序进行故事补充，每个人只能说一句话，后一个同学不能反对前一个同学说的情境，

1　本案例由杭州市钱塘外语学校姚怡弋、来珊珊老师提供，案例主题为"最美教室"。

只能往后进行情境的补充，看哪个小组说的故事最有意思。

师：我们的起始情境是"我来到一间教室，看到……"同学们，组内 5 分钟"故事接龙"挑战开始。

2. 尝试团队挑战

学生根据要求，开始进行小组合作，在 5 分钟内补充完成小组的故事。时间结束后，小组分享组内完成的故事。

生 1：我来到一间教室，看到左边有一块黑板。

生 2：黑板上面画着一朵玫瑰花。

生 3：教室右边摆放着很多桌椅。

……

3. 思考合作要素

师：同学们刚才进行了合作，一些小组能够有序地完成故事编写，但也有一些小组只编了一点，甚至有些同学没有发表自己的观点。请大家结合刚才的合作内容思考一下，在合作编写故事的过程中，你们小组遇到了什么困难，又是怎样克服困难，最终又好又快地编写故事的。

在教师的引导下，学生一起总结本次团队游戏的合作要素。

生 1：需要倾听前一个人的观点。

生 2：需要在前一个人的基础上进行补充，根据别人的想法产生合理的想象。

生 3：要按照顺序，一个一个地说。

师：同学们提出了很多合作要素。现在请大家思考和迁移，我们要探究的"最美教室"项目团队应该是怎么样的，我们要制定怎样的标准，才能让团队合作更加有序、高效。

4. 讨论制定协议

学生进行独立思考后，和团队内成员探讨，并尝试制定自己小团队的公约。教师从旁进行指导和协助，并分发团队协议单，请组长组织成员进行填写。

讨论时

我们承诺：认真倾听同学说话，不插嘴。
听完一个同学发言，再发表自己的观点。

做事时

我们承诺：当有同学需要的时候互相帮助。
做好分工，每个同学做好自己的事情。

冲突时

我们承诺：听每一个同学发表意见再进行商量。
保持情绪稳定，说话有理有据。

5. 分享团队协议

师：小组团队协议确立后，请每一个小组到讲台上来分享自己团队的公约。其他同学认真倾听。分享过后，将其他组的可取之处修改添加到自己的团队公约中。

案例分析

二年级的孩子在梳理多种合作方法、制定合作标准时是有些困难的，所以教师可以借助团队游戏、小组合作帮助学生逐步完善团队协议。通过课堂的推进，我们也能清楚地发现团队协议工具可以通过游戏、合作帮助学生和教师梳理、深化项目化学习中团队协议的运用，并进一步促进团队建设。

应用案例2 校足球队团队建设 [1]

1. 活动

教师组织5分钟新老队员友谊球赛，新队员观察发现老队员配合默契，相互之间有交流且很信任。

2. 思考

师：老队员经过长时间系统的训练，除了体能的优势，更重要的是他们有着很好的默契，这也是甲组团队制胜的原因之一。那你们也想变得更加优秀吗?

3. 提问

师：新老队员组建而成的新团队想要成为一个优秀的团队，有哪几个要素?

4. 整合

同学们给出了许多足球团队协议，归纳协议和完善协议内容，最终确定了此次新足球团队的团队协议。

---

1 本案例由杭州市学军小学汪小艳、朱鑫豪、方威老师提供。

训练时

我们承诺：团队合作讨论足球训练策略，认真倾听、思考他人说的方案。
相互鼓励，发现每个人的特长。
积极配合，在练习时培养默契，不抱怨，共同进退，多给予鼓励。

比赛时

我们承诺：积极和队友配合，不抱怨他人。
站好自己的位置，做好自己的工作。

比赛后

我们承诺：不论输赢，团队共同分析比赛情况。
认真反思，思考在场上还有哪些方面可以改进，认真提出意见。

案例分析

运用团队协议思维工具可以帮助学生有目的地进行活动、思考、提问、整合。对自己原本的团队协议提出疑问并尝试修改，让团队协议更加有效！

应用案例 3 　三年级音乐课程[1]

1. 团队破冰挑战

师：同学们，进入新的团队后我们首先来热热身，看看你们的团队合作能否成功。

师：以四拍子歌曲为例，老师给出第一小节节奏，小组成员开始补充，每个人只能加入一拍的节奏，后一个同学不能和前一个同学的节奏一样，只能往后补充节奏，完成四小节的内容，看哪个小组的节奏最丰富。

师生讨论，完成小组合作。

2. 着眼合作反思

师：看来，大家都能够通过团队的合作来完成多种不同的节奏组合。请大家思考，在刚才的环节中，怎么做才能又快又好地完成合作。

生1：需要大家一起想有哪些节奏型。

1　本案例由杭州市求是教育集团之江第二小学唐硕鹏老师提供，课程材料为人音版三年级上册的《草原上》。

生 2：需要在前一个人的基础上进行创编。

生 3：要记住前几个同学的节奏型，并按照顺序演奏。

3.思考合作要素

师：同学们说出了很多合作的方法。请你将你们小组创编的节奏加入歌曲《草原上》中。我们的团队初步建立，老师想请大家思考，你们应该怎么改编才能使创编的节奏适合歌曲的情绪制。

4.分发团队协议

师：根据刚才的小组探讨，我们可以尝试把节奏加入音乐当中。老师发现在合作中同学们都会有自己的创编想法，为了让小组合作更加顺利，老师给大家一份公约单，请组长组织成员进行填写。

5.审查签订协议

师：相信结合大家的智慧，我们每一个团队都已经完成了公约的撰写。现在请每一个小组派代表到讲台上来分享自己团队的公约。请其他同学认真倾听，如果你觉得其他小组的某些标准可以使用，那么在分享过后，可以将其修改添加到自己的团队公约中。

倾听时

我们承诺：倾听前一个人编写的小节。
　　　　　不打断别人的编写，自己在前面的人的基础上进行思考。

讨论时

我们承诺：听完一个人的意见后，再发表意见。
　　　　　一起思考有哪些节奏型，团队共同讨论。
　　　　　记住前面同学的节奏型，按照顺序演奏。

冲突时

我们承诺：对前面的话给予肯定，再提出自己的意见，避免冲突升级。
　　　　　共同商议解决问题的办法，再探讨出符合团队要求的编写方案。

案例分析

　　在不同的课程当中，团队协议的运用不仅能够增强团队的凝聚力，也能够在一定程度上融入学科知识，让学生能够在团队合作的过程中懂得合作的方式，学会课程的知识。

💡 脑力挑战营

团队协议是一款能帮助学生顺利开展合作的思维工具，不仅可以运用在大型的跨学科项目中，也可简化运用在课堂的小组合作任务中，它的具体制定与合作任务的复杂程度和协议使用者的认知水平有极大的关系。回顾自己的课堂，想一想你可以如何根据合作探究任务的难易程度和使用者的年级特质来调整团队协议的制定。

👆 总结

1.团队协议是一款简单好用的思维工具，由破冰挑战、合作反思、分享需求、分发协议、签订协议五个环节组成。

2.团队协议可以在项目起始阶段营造良好的合作氛围，也可以在知识建构、方案创想、评论修订、成果展示、反思迁移等环节时时回顾、反思和修订。

3.最后，在使用时，团队协议的框架需根据学生的学情和年段进行精简或细化，同时教师也要帮助学生审查协议，并在项目推进过程中关注协议是否真正发挥了效用，以便及时干预和修订。

工具模板下载

团队协议

团队名称： _____ 签订时间： _____

讨论时

我们承诺： _____

做事时

我们承诺： _____

冲突时

我们承诺： _____

签约人： _____

使用说明

在知识建构、方案创想、评论修订、成果展示、反思迁移等环节中，需要让团队时时回顾协议内容，帮助指导每个环节的合作。

工具 2
AEIOU 情境观察法

你有没有过这样的困扰呢?

当你让学生仔细观察时,却发现学生面对各种事物观察到的信息往往是碎片化、不全面、有跳跃性的,而这种混乱的观察方式难以定义真实的问题。当你想要让学生对生活中的一些现象和问题进行多方面的思考时,却发现他们仰着神情迷茫的小脸,与你大眼瞪小眼,难以开展结构化的观察……

如果你有类似的困扰,不妨看看 AEIOU 情境观察法工具。

这是一个什么样的工具?

AEIOU 情境观察法是一款能支持学生开展结构化观察的思维工具,由活动、环境、交互、物体、用户五个观察维度组成,帮助学生有效地分析和聚

焦所观察的对象。它可以在课堂伊始激发学生对主题的探究欲望，可以在课堂环节中辅助学生观察和思考复杂的问题和现象，增加学生探究的深度，也可以用于方案构想阶段、产品优化阶段等。

需要准备什么？

AEIOU 情境观察法记录表、黑色记号笔、马克笔。

如何使用这个工具？

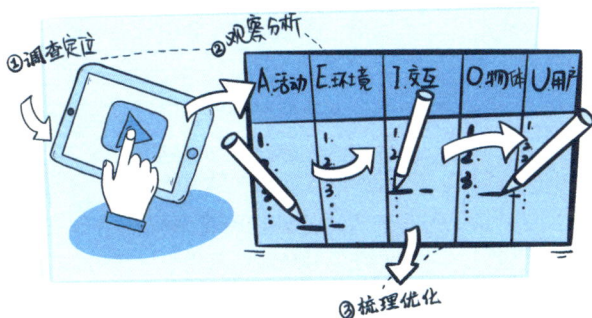

1. 调查定位

使用这一工具前，先结合直观的表格、图片、视频等方式，吸引学生关注真实生活中存在着的被忽略的问题，感受在该情境下用户（场景中的人）产生的不便，确定观察方向。

2. 观察分析

运用这一工具有效地帮助学生聚焦和分析所观察对象的特征，多方面、多角度地开展细节观察，补充活动（A）、环境（E）、交互（I）、物体（O）、用户（U）等五个要素，让学生有充足的信息来明确问题，为课堂创造更多可深入探究的关键切口。可以通过文字、画图、照片、视频等多种形式，结合访谈与实地观察，使小组成员共同合作完成信息收集。可以参考以下表格中的解释说明，适当进行追问补充，帮助学生开展信息记录。

活动（Activities）	人们正在做什么？ 他们的任务是什么？ 他们执行了哪些活动？ 在这之前和之后又分别发生了什么？
环境（Environment）	仔细观察环境，你发现了什么？ 当前环境的特性和作用分别是什么？
交互（Interaction）	这些个体之间是怎么进行交互的？ 当前有任何的相互作用、相互影响吗？ 用户之间是如何交流互动的？ 整个操作是如何运行的？
物体（Objects）	在活动过程中运用了哪些物体和设备？ 谁在何种环境中使用了这些物体？
用户（Users）	这些用户是谁？ 这些用户扮演了什么角色？ 他们受到了谁的影响？

3. 梳理优化

在最后，参考表格将观察阶段的五个要素进行罗列梳理，并整理成问题表格的形式，帮助小组更系统化地分析作品设计中存在的问题以及用户需求，并转化为相应的优化设计目标，为优化活动搭建支架。

AEIOU 情境观察法使用小贴士

1. 观察依序

在观察时尽可能依据一定的观察顺序：先整体再细节、先中心再四周……能深入细致地捕捉特征和事物之间的联系，便于后续挖掘可供探究的问题。

2. 记录及时

在小组合作共同观察时，不同组员会互相补充观察到的信息，需要及时记录在观察表中，避免遗忘。

3. 思考深入

可以配合其他思维工具，如"用户旅程图"等进行观察信息的扩充，深入思考，定义出真正需要解决的问题。

脑力挑战营

回顾上面所学内容，你可以在课堂中的哪个环节使用这一工具呢？又该如何判断学生写下的信息是有效的呢？可以从以下几个维度来帮助判断。

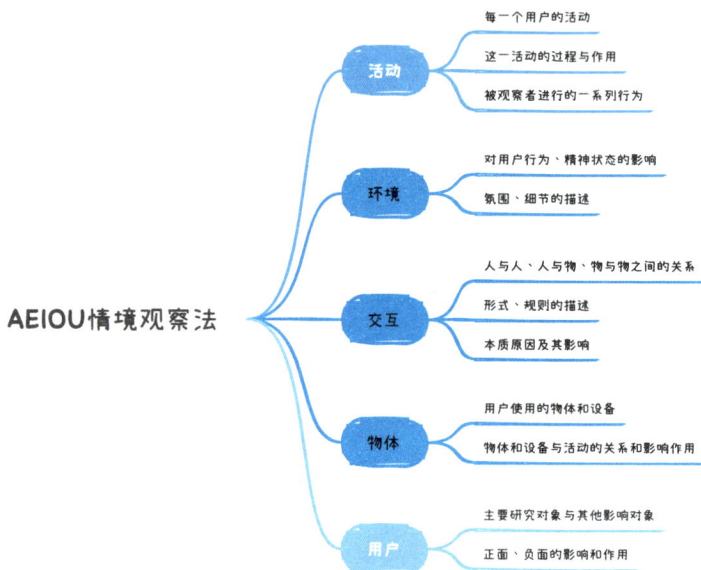

活动
- 每一个用户的活动
- 这一活动的过程与作用
- 被观察者进行的一系列行为

环境
- 对用户行为、精神状态的影响
- 氛围、细节的描述

交互
- 人与人、人与物、物与物之间的关系
- 形式、规则的描述
- 本质原因及其影响

物体
- 用户使用的物体和设备
- 物体和设备与活动的关系和影响作用

用户
- 主要研究对象与其他影响对象
- 正面、负面的影响和作用

AEIOU情境观察法

如何实践应用这个工具？

应用案例1　五年级跨学科课程[1]

1. 范例学习，了解表单填写要求

师：同学们，这是一张老爷爷在写毛笔字的图片，从这张图片中，你观察到了哪些信息呢？今天我们通过 AEIOU 情境观察法记录观察到的信息：活动、环境、交互、物体和用户。

1　本案例由杭州市钱塘外语学校陈一鸣老师提供，案例主题为"不疫样的水杯"。

学生开展观察并进行记录。

师：来看看范例记录的信息，你发现范例和你记录的信息之间的差别了吗？

学生对比发现表单信息记录的差异。发现细节可以补充得更完善，可以思考行为背后的原因，可以在记录其中一栏内容的过程中补充其他栏的信息，可以记录图片给人的感受……

2. 出示图片，明确任务记录信息

师：水是生命之源，这里是老师捕捉到的同学们日常饮水、使用水杯的镜头。每个小组选择一张，并使用 AEIOU 情境观察法进行分析和记录，难以用文字书写的可以用画图来表示。

学生开展观察记录。

生 1：我们看到了图一（老师呈现的镜头）的活动是学生在灌水，环境是学校走廊；我还看到后面有人在排队……

生 2：我们观察的图三记录如右图。

3. 小组交流，补充分享迭代信息

师：接下来请每个小组分享观察记录的信息，比一比哪个小组捕捉到的信息最多、最全面，其他小组可以进行评议。

小组分享评议，根据建议进行补充修改。

师：通过倾听他人的点评，你们组在哪些方面进行了调整优化？

生 1：我们在用户栏中补充了"刚喝完水，在写题的学生"，这是通过水杯和练习册这两个物品产生的猜测；我们在环境栏中写的"杂乱的教室"是根据看同一张照片的小组分享的内容补充的；我们删除了活动栏中的"坐在椅子上"，因为它更符合人与物之间的交互……

师：你们记录下的信息都非常有价值，这为我们发现在校园中使用水杯时出现的问题提供了大量的依据。相信我们会发现人们的真实需求，寻出问题的症结。

生 2：我从"着急喝水的学生"和"水流较小的杯子"等信息中发现了问题——杯口大小不合适。

生 3：我从"倒下的杯子"和"被浸湿的练习册"等信息中发现了问题——杯子不稳固。

生 4：我从"灌水时溢水的杯子"等信息中发现了问题——杯子不显示水位……

师：非常棒，后续我们可以结合问题定义表单共同商议组内想要解决的水杯的具体问题。

🔍 案例分析

对于首次运用 AEIOU 情境观察法的学生来说，独立进行观察分析有一定的困难，教师可以通过范例展示、课堂提问、板书提炼等方式帮助学生进行梳理，明确观察记录时需要重点考虑的要素。借助 AEIOU 情境观察法记录表，学生可以从活动、环境、交互、物体、用户这五个维度，通过"观察、思考、讨论……"梳理、深化观察到的信息，激发进一步思考探究的动力。

对于运用 AEIOU 情境观察法有一定经验的学生来说，可以直接借助工具表进行观察记录，这样可以增强自主性，为独立探究提供支架。但要注意，在将工具表提供给学生帮助其独立观察前，教师需要提供相应的问题和说明。

利用 AEIOU 情境观察法，学生能够对生活中的一些现象和问题进行多方面的观察和思考，发现同一经历下各角色的不同体验，更好地培养同理心。同时帮助教师扩展和深化学生的思维。

应用案例 2　四年级语文课程[1]

1. 布置任务，激发创想

师：本次的作文主题是"我的动物朋友"，通过本单元的学习，

1　本案例由杭州市钱塘外语学校胡楠楠老师提供，课程材料为部编版小学语文四年级下册"作家笔下的动物"。

你们觉得可以从哪几个方面来写呢？

生1：可以写它们的行为习惯。

师：是的，从活动来写会很生动。（板书：活动）

生2：我养的是仓鼠，可以写它们居住的笼子和内部相应的设施。

师：从环境、物体上着手也能发现动物生活的细节。（板书：环境、物体）

2. 适当追问，凸显主题

师：还可以写什么呢？感觉现在体现不出动物和我们之间的朋友情谊呢。

生3：情谊体现在我们和动物之间的相处中，可以写一写我们与动物之间的相处趣事。

师：也就是我们与动物之间的交流互动。（板书：交互）

3. 试列提纲，补充信息

师：我们可以从这么多方面来思考，其实这就是 AEIOU 情境观察法。接下来就利用 AEIOU 情境观察法记录表来思考并补充你在《我的动物朋友》文中要分享的内容吧！

生4：我想写兔子进食这一活动，物体有胡萝卜、青菜和喂食盆等，互动就是我拿着胡萝卜喂兔子，环境是干净的笼子，体现让兔子更加舒适地进食的感觉。

生5：每当我跑步时仓鼠都会陪我一起跑，所以我想写仓鼠锻炼这一活动，涉及的物体有跑轮，跑轮同时也是环境的一部分，会让仓鼠有愉快的情绪体验……

案例分析

　　在该课例中，我们将 AEIOU 情境观察法作为学生发言的归纳总结并板书。先让学生明确各板块所针对的信息种类，从他最先想到的信息入手再去拓展与之相关的其他板块信息，逐步引导学生从五个维度出发，系统地寻找、梳理、深化观察信息，激发进一步思考构想的动力。

应用案例 3　三年级跨学科课程[1]

1. 布置任务，明晰标准

　　师：我们已经完成了游览路线的初步设计，要设计出最佳的校园游览方案，我们还需要对目前的方案进行实地考察和分析。你认为一个最佳的游览方案需要达成哪些目标呢？

2. 细化标准，准备测试

　　生1：游览方案里要包含一些趣味活动，比如说带家长参观接力赛等特色活动。（教师板书：活动）

　　生2：游览路线的周围环境卫生不能太差。（教师板书：环境）

　　生3：导游的讲解要详细有趣一点，这样才能吸引游览者。（教

1　本案例由杭州市和家园小学吴艳老师提供，课程材料为人教版小学数学三年级下册"位置与方向（一）"。

师板书：互动）

生 4：我觉得还可以给游览的家长每人准备一张小地图，这样家长游览起来体验感更好。（教师板书：物体）

生 5：在游览的过程中，家长的体验感要好，路线不要太绕或者重复，爬的楼层最好不要太多。（教师板书：用户）

3. 明确要求，及时记录

师：为了帮助你们更好地进行记录，老师带来了 AEIOU 情境观察法记录表。可以从刚刚我们提到的这五个维度出发，考察原先的游览方案，分析方案的优缺点并进行优化改进。在实地考察前先听清楚要求，小组分工（1 位小导游、4 位考察员、1 位记录员），边考察边进行记录。

4. 细致分析，优化改进

学生根据实地考察后在 AEIOU 情境观察法记录表中记录的结果，对存在的问题以及改进策略进行细致分析。以阳光小队的分析为例，实录如下。

✏ 参观记录

【活动】

1. 活动丰富有趣，家长们能够真实参观体验学生课堂，更好地了解孩子的学习生活。

2. 总用时 1.5 小时，时间超过预期，需要调整。

【环境】

银杏林附近有不少垃圾，环境卫生不够好。

【交互】

1. 小导游对知鱼亭了解得不够，不会介绍。

2. 小导游讲解的声音太小，听不太清楚。

【物体】

没有让家长在游览中更有代入感的物体，比如小地图等。

【用户】

西门需要爬的楼层太多了，并且附近没有什么景点，体验感不佳。

改进思考

【活动】

改进路线，避免走重复的路，或者去掉一个非热门景点。

【环境】

组织班级同学们捡拾垃圾，清扫银杏林。

【交互】

1. 共同搜集游览景点的相关资料，小导游认真了解并准备介绍。

2. 给小导游配备一个扩音器。

【物体】

为每一位家长发放一份手绘校园游览地图，让家长沉浸式体验本次校园游览活动。

【用户】

将游览起点从西门改成北门，减少爬楼梯。

【案例分析】

在该课例中，我们将 AEIOU 情境观察法作为学生发言的归纳总结模板并板书。学生先明确方案考察的维度和要素，再进行系统化的实地考察和分析，发现问题并将其转化为优化设计目标，从而推进后续的方案迭代。

脑力挑战营

与 AEIOU 情境观察法相似，帮助观察的支持性工具还有"用户旅程图"等，查找相关资料，思考它们使用情景与方法的异同。

总结

1.AEIOU 情境观察法是一款简单好用的思维工具，由活动、环境、交互、物体、用户五个观察维度组成，能够帮助学生有效地分析和聚焦所观察的对象。

2.AEIOU 情境观察法可以在课堂伊始激发学生对主题的探究欲望，可以在课堂环节中辅助学生观察和思考复杂的问题和现象，增加学生探究的深度，也可以用于方案构想阶段、产品优化阶段等。

3.五个维度的表述可以根据课堂的实际情况、学生的学段等进行适当的调整、删减。在使用时教师可以对学生进行适当的引导，以更好地达成学习目标。

⬇ 工具模板下载

活动	环境	交互	物体	用户
被研究者以目标为导向而进行的一系列行动	被研究者进行活动的场所	被研究者与其他人或者机器、物体之间的互动	环境的组成部分	研究课题下的所有人

AEIOU 情境观察法

项目名称：＿＿＿＿＿＿＿
团队/个人：＿＿＿＿＿＿＿
使用日期：＿＿＿＿＿＿＿

使用说明

在学习者确定观察的具体情境后，可以直接在这张情境观察表上进行记录，便于全面、细致地开展结构化观察，有效分析和聚焦所观察的对象，同时从不同维度激发学生的创意想法或审视自己的方案寻找可优化的方向。

http://books.pbl.xiaoleader.com/#/reader/pc/tool/detail?toolId=1623142998277623809

工具 3
观察—思考—提问

你有没有过这样的困扰呢？

课堂导入生硬，学生提不起兴趣；小组活动环节，学生的成果达不到你的要求，思考不够深入；教学太局限于课本知识，学生即使学会了也不能很好地迁移运用到生活中去……

如果你有类似的困扰，不妨看看观察—思考—提问这个工具。

这是一个什么样的工具？

观察，是指你看到了什么；思考，是指你对这件事的想法是什么；提问，是指这件事让你好奇什么。该工具不仅可以鼓励学生在课堂上进行仔细观察和深度思考，还有助于激发好奇心，并为探究奠定基础。

需要准备什么?

观察—思考—提问学习表单或白纸、便利贴。

如何使用这个工具?

See（我看见）	Think（我想到）	Wonder（我想知道）

1. 观察

观察为后续的思考和提问奠定基础。在这个环节中，教师可以为学生出示一系列直观的、学生感兴趣的图片或视频资料，并提问"你看到了什么"。该过程尽量给学生留足时间仔细观察，让学生分享借助这些图片或视频，他们从客观程度上看到了什么。同时，最好不要提前给学生限定观察方向，否则可能会导致观察结果重合。接着，再给学生交流探讨发现的时间，分享交流的过程有利于让全体同学找到更多细节，让下一步思考更为丰富。

2. 思考

根据观察所得展开进一步的思考，思考对发现的内容有怎样的想法。例如，教师可以问"基于你所观察到的信息，你想到了什么"，引导学生说出自己的想法。我们希望学生在这一环节能根据自己的观察进一步展开思考，知其然也知其所以然。在洞察了学生的想法后，教师还可以进行追问，例如"你的想法真新奇，你为什么会这么想呢？说说你的理由吧！"，引导学生说出自己的理由，再进行深层的思考。

3. 提问

观察思考后，学生对于自己观察到的内容、思考所得和其他同学的分享一定还有许多好奇的地方，因此在这一步，教师需要挖掘学生的好奇点，以便展开课堂后续的内容并激发学生的探究欲。例如，教师可以问："你对于这些内容还有什么好奇的呢？你还想探究哪些内容？"在这一环节，教师应该引导学生充分思考，多维度多角度看待问题，学生也可以提出自己的任何疑问。在这一步，同样要进行交流和分享，记录下思考的过程以便进行下一步的深入探究。

观察—思考—提问使用小贴士

1. 观察

可以尝试让学生说出一眼看到的内容，不加任何自己的判断。例如看到右图，学生能直接说出乌鸦在苦恼怎么才能喝到水。此外，可以尝试用"角色扮演"的方式，获得更多深刻的体会。最后，尝试让学生从多个角度、用多种方式展开观察，会有更多收获。

2. 思考

鼓励学生在观察的时候就将想法记录下来，同时加上自己的思考，并且追问自己，从图中寻找支持自己想法的证据。例如学生说"我觉得他很伤心"，那么可以问"你为什么这么认为，哪些要素体现了呢？"。通过这样的追问可以帮学生不断梳理脑海中的思路，形成更加理性的成果，让思考具有辩证性和深度。

3. 提问

鼓励学生尽可能多地提出他们好奇的问题，从而引入话题；也可以根据课堂环节适当调整，譬如在导入环节获得与课堂内容相关的疑问后可以及时进入下一环节，防止学生思维过于发散。

💡 脑力挑战营

回顾上面所学，想一想你课堂中的哪些环节可以使用观察—思考—提问工具，你觉得这个工具能够起到什么作用。

📐 如何实践应用这个工具？

应用案例1 一年级语文课程[1]

1. 观察：听字音、看字形，发现读音规律

在课堂之初，教师直接出示了本课中的生词，将认读的方式作为观察—思考—提问中的第一步"观察"，学生边朗读边观察字词的发音与字形的关系。学生发现了"字右半部分的读音和整个字的读音几乎是一样的"这个规律。

2. 思考：思考规律，学习形声字

通过学生带读和课件呈现的方式，学生表达了自己的想法，将

---

1 本案例由杭州市学军小学林晨涵老师提供，课程材料为部编版小学语文一年级下册《动物儿歌》。

其作为观察—思考—提问的第二步"思考"，接着再由教师点拨出形声字的定义，引发学生的好奇。

3. 提问：激发好奇，探索新词

最后，开展提问的环节。学生忍不住发出疑问："哪些字是形声字呢？"因为这种方法可以帮助他们认读更多生字。学生有了兴趣后，教师就可以趁热打铁，出示"蚊""蜈""蚣"这三个形声字，通过猜字音满足学生的好奇心。

4. 第二轮运用：观察字形，发现偏旁规律

教师出示同样的生字，换个角度，让学生观察字形，聪明的学生很快又有了新的发现——它们的左半边都有"虫"。教师就引入了"虫字旁"这个新偏旁。

5. 思考关系，结合生活说猜想

教师再次提出疑问"为什么这些词都有虫字旁呢？"引发学生的新一轮思考。学生猜测"这些词都和虫字有关""这些词可能和动物有关"。结合自己所学过的知识和亲身经历，孩子们有的说"我们学过'小荷才露尖尖角，早有蜻蜓立上头'，所以我知道蜻蜓是昆虫"，有的说"我在公园里见过蝴蝶，我知道蝴蝶是小动物"。

6. 新知新思，大胆畅言

教师再出示图片中昆虫的照片，让学生的猜测有了依据，同时也引发了新的思考和提问。有的学生问"是不是所有小动物的名字都有虫字旁呢？"，有的问"所有虫字旁的字都表示小动物吗？"。在课后，孩子们继续展开思考，通过查字典、询问爸爸妈妈等多种途径，让学习和探究更加深入。

案例分析

对于一年级的孩子来说，独立进行观察、思考和提问三个步骤是有些困难的，所以教师可以借助板书和课堂提问、追问帮助学生逐步完成思维提升的过程。通过课堂的演进，我们也能清楚地发现观察—思考—提问工具可以通过观察、思考帮助学生和教师梳理、深化语文课堂中新学习的知识，也能通过提问激发学生进一步学习思考的积极性。

对于这节识字课而言，其实导入和课堂环节已经融为一体了，在激发学生兴趣的同时让学生学会了读生字、认识形声字、学会虫字旁。初步达成这一系列目标不过十分钟，可见工具的运用对于课堂效率的提升也很有帮助。

如果要将观察—思考—提问运用在高段学习中，那么我们还可以直接借助工具学习表单的形式，增强学生探索的自主性，为学生独立探究提供支架。

应用案例 2   五年级科学课程 [1]

1. 观察：课中漫步，细心记录

在了解地球结构、设计制作地球结构模型的讨论优化环节，学生通过画廊漫步的方式观察其他小组的设计思路和观点，并在小组内讨论自己的观察和发现。

---

1   本案例由杭州市文一街小学张甜灵老师提供，课程材料为教科版小学科学五年级上册"地球的结构"。

2. 思考：合作交流，不断完善

学生根据观察所得，归纳整合其他小组的优点和缺点，展开深入的思考，扩大思考面，提升思考质量，从而改进本组的方案。

3. 提问：身份转换，教师提问

在改进的过程中，需要专家教师的介入。教师直接对学生的设计提出疑问，引导学生从多个角度、多个方面和小组成员一起攻破困难，优化并完善设计。

案例分析

在不同学科、不同课堂环节中的使用充分显示了观察—思考—提问工具的普适性，但在有些时候我们也会发现，想在课堂上完整地走完观察、思考、提问三个环节可能会耗费很多课堂时间。因此，我们可以对工具本身的使用方式进行转换，以更好地达成我们的教学目标。

在此环节中，不需要学生过多地发散思维，因此可减去学生提问环节，改由教师直接提问。在充分调动学生积极性的同时，加快推进课堂进度，能在活动中帮助学生梳理材料和想法，让成果汇报更有条理，更精彩！

应用案例3　五年级数学课程[1]

1. 观察：转换已知

教师展示组合图形，学生进行观察：它是什么形状？有什么样的特点呢？

2. 提问：寻求新知

教师待学生看了这些组合图形后，引导学生提出疑问：这个像火箭一样的组合图形的面积是多少？像这样不规则的组合图形的面积要怎么求呢？

3. 思考：解决策略

通过观察、提问后，引导学生思考解决方法。最后将学生想出的所有求组合图形面积的方法进行归类：第一种方法是转换成我们已知的多边形的面积；第二种方法是分割求法；第三种方法是移形补位。

1　本案例由杭州市文一街小学张甜灵老师提供，课程材料为人教版小学数学五年级上册"组合图形的面积"。

🔍 **案例分析**

在高段学生的知识建构环节，我们可以打破常规，调整顺序，来一个乾坤大挪移，充分引导学生通过观察，根据已有的经验及时提问，再想解决策略，让学生充分感受到学习来源于日常，困难可以通过调动已有经验来解决。

应用案例4　七年级历史与社会课程[1]

1. 观察：读图求知，激发兴趣

在学习"秦统一中国"一课时，教师出示了一张秦兵马俑的图片，让学生去观察。同学们七嘴八舌，议论纷纷。

生1：这个兵马俑手里拿的是什么？

生2：他的嘴巴为什么撇着？好凶啊！

师：大家推测一下他拿的是什么，并说说为什么。

生3：手里拿着兵器，说明秦军所向披靡！

师：他们可以是微笑着的吗？为什么？

生4：不笑的兵马俑更加有威严感，显示秦国的神圣不可侵犯。

秦兵马俑对于学生们来说并不陌生，但是很少有学生细致地去观察。通过这样一个环节，让学生从一幅图出发，说出自己的疑惑，充分调动课堂气氛。

1　本案例由杭州市上泗中学许宽老师提供，课程材料为人教版初中历史与社会七年级上册"秦统一中国"。

2. 思考：析图明史，畅所欲言

在分享阶段，学生说：看见了兵马俑怒视前方，嘴角下撇，手虚握；想起了所见的兵马俑的表情很严肃、凶狠，猜测其手中拿的是武器。如果要解释自己提出的猜想，学生们就必须运用现有的历史知识。在这个过程中，教师加以引导，学生第一时间就联想到了秦国的军事实力。

3. 提问：以图导课，知识建构

除了以上问题，还有一些学生提出疑问：兵马俑为什么是这样的？它们是否有别的造型？秦国时期的人为什么制造这些兵马俑？兵马俑怎么造的？教师将学生的思维过程记录下来，提炼出共同的疑问，让学生带着问题进入"秦统一中国"一课的学习。

案例分析

在历史与社会课堂中，教师常常使用图片、表格、视频来辅助教学，这时学生的积极性总是很高。但所有的学生都参与其中了吗？学生是否掌握了读图看表的能力？这些提问（教师针对图片提出的问题）给学生思维提升带来帮助了吗？

尝试运用观察—思考—提问思维工具，让学生先观察图片，再思考三个问题：你看到了什么？对于所看到的、观察到的，你是怎么想的？你对所看到的、所想的有什么疑问，还想知道什么？让学生进行独立思考并在表单上写下想法。

该思维路径鼓励学生进行仔细的观察和深度的思考，有助于激发学生的好奇心并为探究奠定基础。如让学生为秦始皇做一份个人简历，学生可以利用该工具进行分享交流：我看到这份简历包含了秦始皇在政治、经济、思想文化等方面的各项举措，我想到了这些举措分别有……的意义；我还好奇这些指令下达之后对秦朝的影响是怎样的，秦朝为什么历经二世就灭亡了。教师可以和学生一起将简历完善，并且衍生出其他的成果。

脑力挑战营

观察—思考—提问支持性工具无处不在，可以帮助教师和学生形成思考和探知的课堂文化。那么，该工具除了在课堂中可以使用，平时在学校生活中的哪些场景中也能使用呢？

总结

1.观察—思考—提问是一款简单好用的思维工具，由观察、思考、提问三部分组成。

2.观察—思考—提问可以在课堂伊始激发学生的好奇心，也可以在课堂环节中增加学生探究的深度。

3.在使用时，三个环节的顺序可以根据课堂的实际情况、学生的学段等进行适当的调整，以更好地达成学习目标。

⬇ 工具模板下载

项目名称：＿＿＿＿＿＿＿

团队/个人：＿＿＿＿＿＿＿

使用日期：＿＿＿＿＿＿＿

观察—思考—提问

观察：你看到了什么	思考：你想到了什么	提问：你有什么想问的

使用说明

　　学习者可以直接在这张思维路径学习单上进行记录"观察—思考—提问"的结果；也可以根据任务对学习单进行变式，以更有效地激发学习者更多的思路。

http://books.pbl.xiaoleader.com/#/reader/pc/tool/detail?
toolId=1614913578286977025

工具 4
创意提问

你有没有过这样的困扰呢?

当你让学生们针对新学的知识点进行提问或是让学生们对他人的作品、发言提问时,有的学生提的问题太过浅显,有的学生提的问题又太过深奥或是和当前讨论的内容毫不相关。学生们的提问缺乏深度,学生难以有效且深入地了解内容,让生生互动的课堂变得遥不可及。

如果你有类似的困扰,不妨看看创意提问工具。

这是一个什么样的工具?

创意提问有三个要素:头脑风暴、选择问题、反思新想法。在头脑风暴阶段,至少想 12 个关于主题、概念、艺术品或对象的问题。我们可以试着用以下这些词语开启创意提问。

为什么……？

如果……会有什么不同？

如果……？

假设……？

……的目的是什么？

如果我们知道……怎么办？

如果……会发生什么变化？

　　在选择问题阶段，我们查看之前所罗列的问题列表，找出最有趣的问题，然后选择一个进行讨论。

　　在反思新想法阶段，我们根据所选问题，思考还有哪些新想法。

需要准备什么？

　　创意提问问题列表或白纸、便利贴。

如何使用这个工具？

1. 询问

首先询问学生什么问题算是好问题，然后介绍思维工具。可以解释创意提问是一款提出好问题的工具，它能让人拥有更深入的洞察力。

2. 生成问题列表

通过提供一个主题、概念、艺术品或对象，让学生使用"创意问题"开始生成有关该主题的问题列表。简单地创建问题列表是值得的，因为它可以让学生了解主题的广度并激发学生对它的好奇心。进一步探索问题可以激发学生的兴趣，并可以让学生流畅地扩展对主题的讨论。

3. 反思

反思步骤是这个思维工具的重要组成部分，因为它能使学生发现关于主题、对象、艺术品或概念的新见解和想法。在学生学习该主题的过程中记录他们的问题，并将列表在显眼的地方出示，以便学生可以看到他们关于该主题的问题是如何演变的。

📝 创意提问使用小贴士

最初，全班一起使用这个思维工具可能效果最好。一旦学生掌握了规律，就可以以小组形式工作甚至单独工作。请在计划中考虑学生在每一步中如何参与。例如，学生可以作为一个整体进行第一步操作，接着两人一组进行第二步操作，然后在第三步中返回到全组讨论。

1. 询问环节要定义问题的特征

为了让学生深入了解创意提问的作用，需要在询问环节定义好问题与坏问题的特征，可以用列表的方式进行对比分析，帮助学生运用创意提问工具提出好问题。

2. 问题列表可以多种多样

学生提出问题后，可以根据个人列表创建拼贴画并将其展示出来。

3. 发散之后需要聚敛

问题生成后，教师可以选择其中一个问题与学生进一步探讨，也可以就其中一些问题进行深入研讨，让学生阅读有关该主题的信息，或者通过富有想象力的游戏探索一些问题的可能性。学生可以采用其他方式探索或调查他们的问题（和主题），例如：写文章、画图、创作戏剧或对话、创造场景、进行采访。

脑力挑战营

回顾上面所学，想一想你课堂中的哪些情境可以使用创意提问工具，该工具在教研活动或者教学管理中又可以如何使用。

如何实践应用这个工具？

应用案例1　四年级数学课程[1]

对于数学教师而言，提出一个好问题比解决一个问题更重要。我们以人教版小学数学四年级上册"条形统计图（一）"为例，关于统计图的提问往往浮于表面，难以深入，引用这个思维工具后，我们发现学生思考的空间被打开，思维更加活跃了。

1　本案例由杭州市保俶塔实验学校徐茜老师提供，课程材料为人教版小学数学四年级上册"条形统计图（一）"。

1. 首轮运用

（1）开门见山

课堂之初，教师直接出示课题"条形统计图"，通过师生交流掌握学生对该内容的了解程度，引导学生针对课题提出问题。

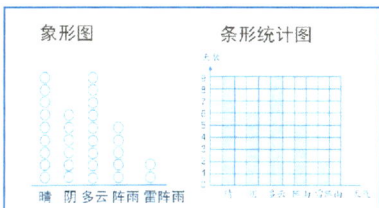

（2）问题识别

引导学生了解什么是好问题。通过对比深层问题和浅层问题，引发学生的思考。

（3）引导提问

接下来，布置任务，请学生针对"条形统计图"提出一个好问题，并出示提问支架。

（4）确认选择

当学生提出12个左右的问题时，教师把这些问题列成表，引导学生探索第一个问题和第二个问题，请学生带着问题阅读书本例1，针对例1的数据设计一个采访，并回答这两个问题。

2.第二轮运用

在课堂结尾，为了激发学生更深入地思考，教师又展开了新一轮的创意提问。

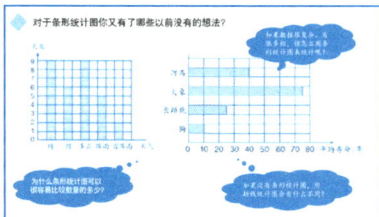

（1）回顾收获，再度提问

教师引导学生回顾本节课的内容，特别是针对学生提出的有深度的问题给予表扬和肯定。之后，再度出示问题支架，引导学生再想一想对于条形统计图又有了哪些新想法。

（2）阅读资料，拓展提升

面对学生提出的新问题，教师没有急于告诉他们答案，而是让他们带着问题走进"阅读资料"，丰富他们的课外知识，开阔他们的视野。

🔍 案例分析

对于四年级的孩子来说，独立提出好问题是有难度的，所以教师可以借助板书和课堂提问、追问等帮助学生逐步完成思维提升的过程。通过这个环节的板书设计，我们也能清楚地发现创意提问工具可以通过思考、讨论帮助学生和教师打开思路、深化思维，同时激发学生的好奇心，增强他们探究的动力。

应用案例 2　二年级语文课程[1]

1. 一问：问得清楚

（1）尝试提问，发现提问小助手

课堂伊始，教师通过问题激发学生探究兴趣，满足学生探究的愿望。学生便寻着问题，围绕生活，将心底的疑问写下来。

师：面对奇妙的大自然，你心里藏着哪些"小问号"呢？把你最想了解的有关大自然的问题写下来。

在问题交流中，学生发现大部分同学用了"为什么"来提问，且这些提问词位置都在句子的最前面。

（2）比较发现，挖掘提问小助手

比较"语文园地六"写话范例和课文范文，学生就能发现提问小助手可放在不同位置，也能发现除了"为什么"，还可以用更多的提问小助手，如哪儿、谁、怎样、哪些等。

1　本案例由杭州市学军小学陈莉丽教师提供，课程材料为部编版小学语文二年级下册第六单元写话"大自然的秘密"。

2. 二问：问得丰富

在解决初始问题后，学生借助创意提问深入探索，在归类、比较中纵深思维，进一步探索问题，流畅地扩展主题的讨论。

在学生发现更多的提问方式后，教师请学生共同围绕本单元课文《雷雨》进行提问。学生在共同的话题下，多路径、多角度提出疑问，引发对比和共鸣。学生在提问过程中，不仅关注"为什么"的位置，也关注提问小助手的不一样。

师：你瞧！这是我们这个单元的课文——《雷雨》。关于《雷雨》，你能用刚刚找到的一个提问小助手来提问吗？

生1：雷雨是怎么产生的？

生2：闪电的出现快于雷声的原因是什么呢？

生3：哪个季节的雷雨更多？

师：小朋友们用上了不同的提问小助手提问，还将提问小助手放在了不同的位置。

3. 三问：问出创意

在课尾环节，学生根据本课所获得的创意提问方法，提出更深入的问题，在全班交流后，形成问题群，并尝试解答，拓宽探究的广度，加大探究的深度。

（1）拓宽思维再提问

在学生掌握一定的提问方法后，如何拓宽思维，激发学生对大自然广阔领域的探究兴趣就显得尤为重要。

教师引导学生思考：刚才，我们从"雷雨"中发现了奥秘，你觉得大自然中，还有哪里藏着秘密呢？

学生发现，土壤、水中有秘密，岩石里有秘密，天空、宇宙中也有秘密。

（2）围绕评价创意问

师：大自然中还有很多地方藏着奥秘，等着我们去发现呢！面对奇妙的大自然，你心里还藏着哪些"小问号"呢？请你再提 2～3 个问题，写在百科小博士的卡片上。

①提问小助手放在不同位置，得一星；

②用不同的提问小助手来提问，得一星；

③从大自然中寻找不同的问题，得一星。

组内交流助提问，全班欣赏试解答。

（3）创意问题成群落

活动结束后，形成我们班级特有的刊物——《十万个小问号》。

课后，以小组为单位，将其进行展示，延伸课堂，给学生多元展示的机会。学生既可以互相学习，又能互相解答，这激发了进一步提问的兴趣。

🔍 案例分析

本课例基于学生学习起点，遵循儿童发展规律，激起了学生强烈的探究兴趣，这次写话正满足了他们探究的愿望。写话课堂运用多种学习方式，勾连单元甚至全册，从内容的领悟、方法的指导、情感态度的培养等方面体现了单元整组的理念，循序渐进地让孩子学会创意提问，提升学生创意提问的能力，进行纵深思考。

应用案例3 一年级语文课程[1]

1. 引导创意提问

（1）示范提问试解答

师：你们看，谁来了？他们之间会发生什么故事呢？

教师可以示范如何提问，引导学生对绘本图片进行关注并大胆提出自己的困惑。大部分学生会使用"为什么"这一格式提问。

（2）明确意义寻方法

师：我们来研读这个绘本，就要学会如何提问。

---

1 本案例由杭州市和家园小学范定定教师提供，案例主题为"你是我最好的朋友"。

鼓励学生主动去发现问题，并试着去解决问题。哪些问题值得去思考呢？经过讨论，学生发现需要联系自己已学过的知识，经过思考提出在绘本中能找到依据的、有很多答案的、有意义的问题。

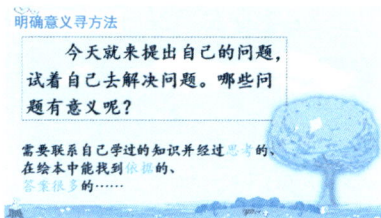

2. 尝试创意提问

教师提供提问示范后，学生对于提问有了一定的概念，此时引导学生从不同角度提出疑问，让思考更加全面且深入，并在思维纵深化的引导下，进一步探索问题，加深对绘本的理解。

（1）观察封面试提问

教师提供一些提问的范式给学生，请学生共同围绕绘本封面进行提问，并进行问题的梳理，整理出课堂中需要重点思考的问题，相继解决。

师：你瞧！这是绘本《你是我最好的朋友》，除了刚才老师提出的问题，你能借助老师给你的提示提出问题来吗？

生1：为什么大象末末会看不见？

师：同学们，你们觉得他问的是不是很棒？

生2：如果大象末末看不见，小白鼠娜娜会帮他还是害他呢？

生3：为什么大象末末躺在床上？

师：小朋友们提出的问题都很有深度，我们把这些问题列在表上，今天我们就来探索第一个问题和第二个问题，让我们带着问题阅读，边读边思考。读完和同桌交流，并试着回答这两个问题。

（2）组内交流谈发现

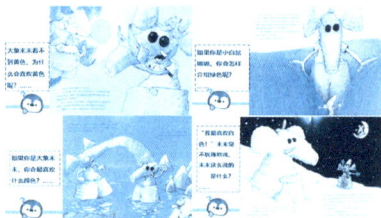

在交流完封面的问题后，学生基本掌握了提问的方法，接着让学生合作，教师实现从扶到放，此时需要学生进一步思考，针对绘本中的具体内容，提出自己的疑问，鼓励学生以小组形式进行交流、讨论，并请能干的小朋友尝试解答组员的提问。以下是学生提出的较为精彩的问题：

生1：如果你是娜娜，你会怎么与大象交朋友呢？

生2：大象末末看不到黄色，为什么会喜欢黄色呢？

生3：如果你是小白鼠娜娜，你会怎样介绍绿色呢？

生4：如果你是大象末末，你会最喜欢什么颜色？

师：你们真是爱动脑筋的小朋友，会从不同角度去思考问题。

（3）欣赏提问试解答

带着问题去读绘本，会让学生有进一步的思考，能提升学生的思考能力。课后对学生的表现进行点赞：你们真是太棒了，帮助大象末末与小白鼠娜娜解决了这么多问题！

你们真是太棒了，帮助大象末末与小白鼠娜娜解决了这么多问题！

🔍 **案例分析**

　　在低段绘本阅读课堂中使用创意提问，可以帮助学生打开思路，提升课堂的趣味性。课堂伊始，教师通过示范提问，教会学生如何提问，激发学生的探究兴趣。在教师提供提问示范后，学生对于提问有了一定的概念，此时引导学生从不同角度提出疑问，让思考更加全面且深入，在思维纵深化的引导下，学生进一步探索问题，加深对绘本的理解。

💡 **脑力挑战营**

　　与创意提问相似的支持性工具还有奔驰法、三个为什么等，查找相关资料，思考它们的使用情境与使用方法的异同。

👉 **总结**

　　1. 创意提问是一款简单好用的思维工具，由头脑风暴、选择问题、反思新想法三要素组成。

　　2. 创意提问可以以多种方式应用在整个主题研究中：在介绍新主题时帮助学生了解主题的广度；在学习一个主题的过程中，激发学生的好奇心；在学习主题接近尾声时，向学生展示他们获得的关于该主题的知识如何帮助他们提出更复杂的问题。

　　3. 创意提问通过提问练习激发学生的思考和探究欲望。头脑风暴的问题可以帮助学生探索一个主题的深度、复杂性和多维性。

⤓ 工具模板下载

项目名称：_____
团队/个人：_____
使用日期：_____

创意提问

头脑风暴	识别选择	反思创新
提出至少 12 个好问题：	找出最有趣的问题：	还有什么新问题：

使用说明

在学习者明确好问题与坏问题的特征后，可以直接在这张创意提问卡上进行头脑风暴，问题生成后，可以选择其中一个问题与学生进一步探讨，也可以就其中一些问题深入探讨和学习，在学习的过程中记录新的问题，以便学生看到关于该主题的问题是如何演变的。

http://books.pbl.xiaoleader.com/#/reader/pc/tool/detail?
toolId=1623144293323509761

工具 5
GSCE（概念图）

你有没有过这样的困扰呢?

在设计教学环节时，存在因没有有效掌握学生学情，而导致教学目标和内容偏离学生实际；在课堂上，学生解决问题总是停留在问题浅表，无法进行深入思考；在单元复习时，学生习得的单元知识点比较零散，因而无法系统掌握知识点，形成单元概念网络……

如何才能有效解决以上课堂困境呢？不妨看看这款简单好用的支持性工具——GSCE（概念图）吧。

这是一个什么样的工具?

G 是 Generate，意思是收集。S 是 Sort，意思是排序。C 是 Connect，意思是连接。E 是 Elaborate，意思是细化。GSCE 又被称为概念图，能帮助学生进行深度思考，理清新旧知识的联系与区别，

将知识整合过程可视化，加深学生对话题的理解。那么到底应该如何把 GSCE（概念图）这个思维工具运用到课堂中呢？

需要准备什么？

白板或者白纸、笔和便利贴。

如何使用这个工具？

1. 抛出问题，联想词汇

教师根据课堂需要提出相应话题，让学生根据该话题展开联想，并把联想到的词汇记录在便利贴上。

2. 收集信息，贴于白板

同学们把便利贴贴至白板，教师和同学们根据白板上的便利贴了解同学们的初始想法。

3. 排序连接

学生为主，教师为辅，对以上词语、观点以由主到次的顺序进行排列，并用连接线将具有共性的词语、观点连接起来，同时用连接词标注各观点之间的联系。

4. 信息细化，扩展延伸

教师引导学生，进一步细化已经列出的观点，在此基础上进行扩展和延伸。

📝 GSCE（概念图）使用小贴士

1. 观点不设限

在收集观点环节，教师不应该过多干涉，同时不能设置观点限制，以尽可能多地收集所有可能的观点，以此达到让学生发散思维的作用。

2. 排序不苛求

在排序观点环节，没有严格的主次关系要求，尽量多方位思考、分析确定观点主次，如遇到观点既不重复，也无明显主次关系时，可以并列思考，尽可能不否定所有的排序连接想法。

脑力挑战营

回顾上面所学，你会在哪个教学过程中使用 GSCE（概念图）这一工具？你会怎么使用 GSCE（概念图）帮助学生梳理思路？你能用 GSCE（概念图）这一工具诊断学生学情吗？

如何实践应用这个工具？

应用案例 三年级语文课程[1]

1. 抛出问题

师：杭州即将迎来盛大的体育赛事，你们知道是什么吗？

生：亚运会。

师：是的，值此盛事，你的好朋友甜甜一家打算来杭州观看亚运会，借此机会也想游览一下闻名天下的杭州。甜甜想品尝我们杭

1　本案例由杭州市西湖第一实验学校郑娟婷老师提供，案例主题为"当当小导游——设计杭州游览路线"。

州的美食，她的妈妈想欣赏杭州美丽的风景，她的爸爸对杭州的历史文化以及新城建设非常感兴趣。作为杭州的小主人，你们能帮甜甜一家制定一条合适的旅游路线吗？

2. 收集信息

师：请同学们集思广益，想一想为了成为一名合格的小导游我们需要做哪些准备。

同学们根据话题在白纸上写上联想到的词汇（衣服、天气、美食、西湖醋鱼、酒店、西湖龙井、西湖、良渚文化、山核桃、千岛湖、交通、地图……），并粘贴在白板上。

3. 排序连接

教师引导学生发现他们粘贴的词汇有的重复了，有的可以被涵盖，并提示学生按照由主到次的顺序给同学们列出来的词语排队、归类。

生1：我认为交通工具涵盖了自行车、公交车，可以把自行车、公交车贴在交通工具的后面。

69

生2：住的地方不能离玩的地方太远。

生3：我们可以根据一天的行程安排吃的东西，如果游客是"吃货"的话也可以根据她对饮食的要求选择行程。最主要看游客需求！

生4：我觉得口罩是时时刻刻都需要的物品。

生5：……

学生边说边连线，并写上其中的联系。

师：同学们，你们看，通过我们的连接，看似不相关的词语现在连接成了一条条旅游日程安排。

4. 信息细化

师：同学们，请你们再次仔细观察一下我们连接好的旅游日程。根据我们写下的联系点，你们还有补充吗？

生6：我有补充，在我们连线的西湖十景后面，可以加上"柳浪闻莺""断桥残雪"，这样十景才完整，也可以在景点后面再加具体介绍。

师：你补充得很好。下面请每个小组选择一个方面的旅游日程进行讨论补充，让我们设计的杭州游览路线更加完整！

要求学生将补充内容写于不同颜色的便利贴上，并贴于黑板相应的维度中，如有并列情况可以扩展支线。

生：……

案例分析

将旅游这么大的话题抛给三年级的孩子，会让他们觉得迷惘、无处下手。通过 GSCE（概念图）这个学习支架，孩子们不仅开启了头脑风暴，还把每一条线路需要研究什么内容了解得非常清晰，也对这几个方面之间的联系有了更进一步的了解，并对接下来的研究方向和内容都有了明确的目标，为接下来项目的开展奠定了一个很好的基础。

通过以上环节的呈现，我们也能清楚发现 GSCE（概念图）可以通过四个步骤帮助学生理清知识联系，进行深度思考，将思维过程可视化；同时也能激发学生的好奇心，增强他们探究的动力。

除此之外，GSCE（概念图）还适用于各阶段、各学科的课堂，揭示学生非线性的思考模式，加深学生对话题的理解。绘制 GSCE（概念图）更有助于学生组织思路，弄清各观点之间的联系，巩固思维和理解能力。

脑力挑战营

与 GSCE（概念图）相似的思维工具还有思维导图和头脑风暴等，它们也是适用于主题唯一，进行发散性思维的思维工具。查找相关资料，了解它们的使用情景和使用方式的异同。

☞ 总结

1.GSCE（概念图）是一款简单好用的思维工具，由收集、排序、连接、细化四个步骤组成。

2.GSCE（概念图）可以运用在学前导学单中，帮助教师了解学生学情；也可以用在单元结束后，用于学生回顾已学知识；还可以用在写作文或观点表达时，用于框架的构思和梳理，培养学生的高阶思维能力。

3.在使用时，可以根据课堂的实际情况、学生的学段等对GSCE(概念图)的四个步骤进行适当的调整，以更好地达成学习目标。

工具6
鱼骨图

你有没有过这样的困扰呢?

在开展项目或学科教学时，学生整理信息缺少方法，甚至无从下手；学生面对一个问题缺乏策略方法、思维受困；学生面对出现的问题，无法寻找问题出现的真正原因……

如果你有类似的困扰，不妨看看鱼骨图工具。

这是一个什么样的工具?

鱼骨图

鱼骨图是由日本质量管理大师石川先生所发明的，故又名石川图。鱼骨图顾名思义，有鱼头、躯干、鱼刺，是一种探寻策略、发现根本原因和梳理问题的分析方法。

需要准备什么？

鱼骨图模板，或白纸（A4/A3等）。

如何使用这个工具？

1. 策略型鱼骨图

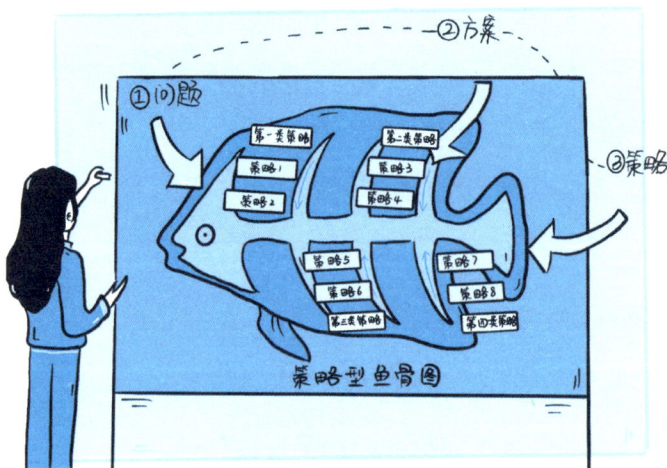

策略型鱼骨图要找的是问题的对策，多用"如何……"开头。策略型鱼骨图鱼头一般在左侧，策略方法在右侧。将一个问题写在

鱼头上，将由这个问题产生的解决方案写在鱼骨主干上，并且可以层层深入挖掘分析，找到解决问题的策略。此工具可用于项目的每一个阶段，当学生面对一个问题缺乏策略方法或思维受困时，可以采用此工具进行头脑风暴，寻找解决问题的方案。

2. 原因型鱼骨图

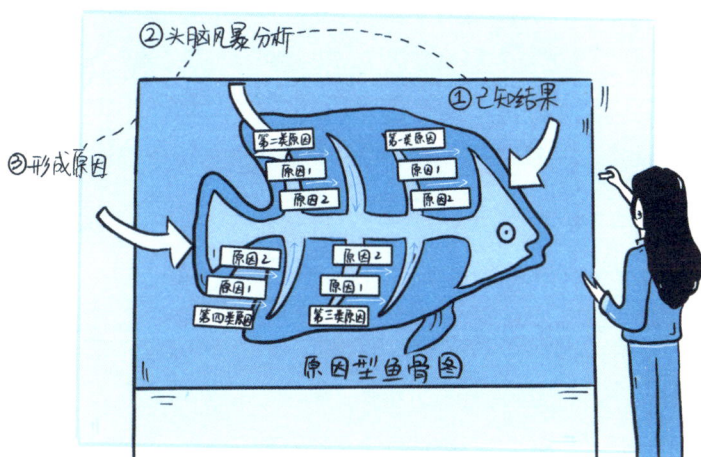

原因型鱼骨图用来分析构成问题的原因，鱼头代表结果，一般用"为什么……"开头。这种类型的鱼骨图是通过已知结果来分析形成此结果的原因，经过头脑风暴找出答案。原因型鱼骨图的鱼头一般在右侧，原因在左侧。当学生或教师面对一个出现的问题，需要寻找出现问题的背后原因时，适合采用原因型鱼骨图来讨论，并整理问题的原因所在。

3. 梳理型鱼骨图

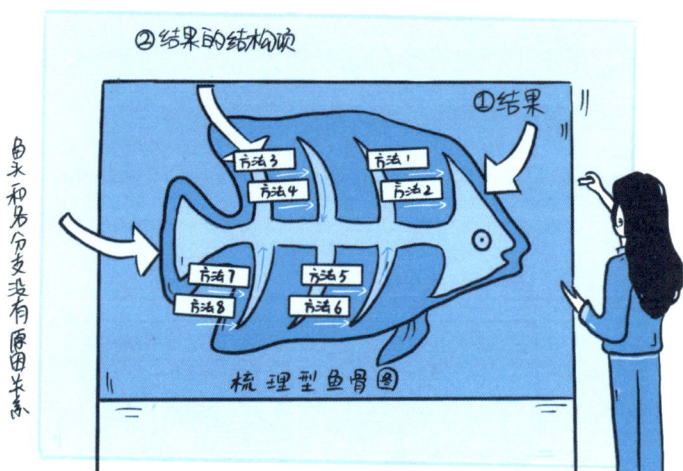

梳理型鱼骨图通常鱼头在右，信息在左，鱼头与各个分支之间没有关系，而是用图形的方式来整理问题的结构，即对象的层级，如同书的目录、网站的结构图等。鱼头为结果，鱼骨上的结点为此结果的结构项。在入项活动中，教师可以使用该思维路径来明确学习任务，激发学生探究的兴趣和好奇心。与此同时，在探索与形成成果的过程中使用也很关键，鼓励学生进行仔细观察和深入思考，并不断完善鱼骨图，以增加学生的探究深度。

鱼骨图使用小贴士

1. 策略型鱼骨图

一张策略型鱼骨图通常只解决一个问题。头脑风暴应收集尽可能多且全的想法。切勿阻碍新观点，切勿批评，要做到全面记录和保存。

2. 原因型鱼骨图

学生通过合作，会呈现一张具有多种原因的鱼骨图，那么这些原因是否全部都要记录呢？显然，下一步需要学生整合这些原因，考虑删减、排序，理出更为核心的原因型鱼骨图。

3. 梳理型鱼骨图

围绕一个问题进行整理。采用多个关键词进行整理。同类型信息需要合并。

脑力挑战营

回顾上面所学，想一想你课堂中的哪些情境可以使用鱼骨图这一工具，该工具在教研活动或者教学管理中又可以如何使用。

如何实践应用这个工具？

应用案例 1　五年级跨学科课程 [1]

在"月球驿站"跨学科项目学习时，采用策略型鱼骨图进行反思，并针对一个存在的问题寻找策略，为今后的学习提供经验与教训。

1　本案例由杭州绿城育华学校小学部王伟丽老师提供，案例主题为"月球驿站"。

1. 谈话引入

师：在刚刚结束的"月球驿站"项目中，你的团队曾经出现了哪些问题呢?

生：团队合作有困难，知识难度大……

师：每一个组都存在问题，如何解决你们的问题呢?

师：接下来采用策略型鱼骨图协助我们发散思维，寻找解决问题的方法。

2. 策略型鱼骨图使用方法

鱼骨图使用方法：策略型鱼骨图鱼头在左边，问题写在鱼头处，问题写法通常以"如何……"开头。

比如要寻找如何有效进行团队合作的策略方法，通过团队讨论，充分发散思维，将策略方法写在鱼刺上，比如讨论出来的第一类策略是合作时学会尊重合作伙伴，将其写在一根鱼刺上。第二类策略是合作中要学会努力付出，将其写在另一根鱼刺上。若有多个策略，则分别写在其他鱼刺上，最后呈现针对一个问题的解决方案的鱼骨图。

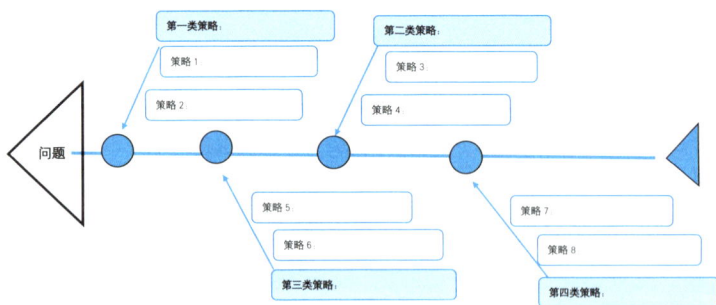

策略型鱼骨图

3. 团队协作使用鱼骨图

师：现在各小组先讨论团队的问题，再讨论解决策略，然后将策略呈现在鱼骨图中，可以开始……

学生进行团队讨论，寻找针对本组的问题及解决方案。

4. 分享成果

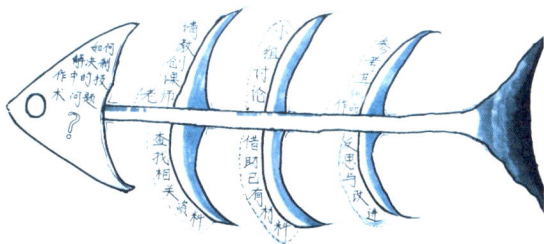

应用案例 2　四年级体育课程 [1]

1. 谈话引入问题

师：仰卧起坐的练习阶段已经结束，我们通过多种练习调整后，探索了发展腹部肌群的形式，做了相应的练习。为了更好地回顾和开展后续的练习，我们该如何总结前面阶段仰卧起坐开展困难的原因呢？

2. 原因型鱼骨图使用方法

师：好，今天我们采用鱼骨图来头脑风暴，把你想到的原因写下来，找到最关键的几个原因。

1　本案例由杭州市求是教育集团之江第二小学张云老师提供，案例主题为"巧练仰卧起坐"。

师：下面老师来为大家介绍一下鱼骨图的使用方法。

第一步：这是一个鱼头在右边的原因型鱼骨图，首先将"为什么仰卧起坐开展困难"写在鱼头上。

第二步：同学们在组内头脑风暴，将能直接想到的原因先写在鱼骨主刺上。

第三步：再根据开展练习后的回顾，思考一下调整后为什么就解决了困难，找到你解决的问题，提炼具体的原因。

第四步：最后形成一张"多点开花"的原因型鱼骨图。

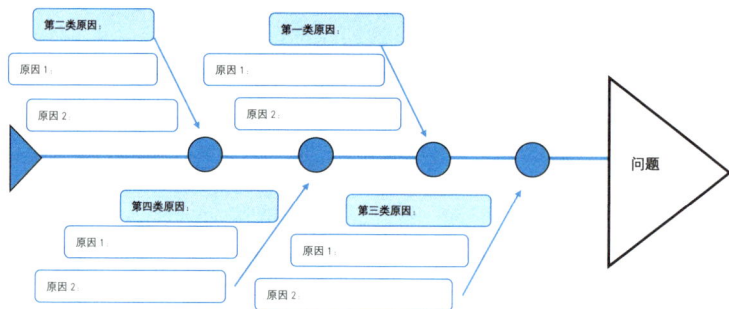

原因型 鱼骨图

3. 提出使用建议

师：为了更好地发挥鱼骨图的作用，为我们找到更重要的原因，老师给大家提醒几点：

（1）他人发言时，不评价、不打断。

（2）尽可能多角度地思考问题，进行头脑风暴。

现在合作开始……

4. 学生合作设计鱼骨图

（学生合作设计鱼骨图。）

5. 教师总结

通过合作，呈现出一张具有多种原因的鱼骨图，那么这些原因是否全部都要记录呢？显然，下一步需要学生整合这些原因，考虑删减、整序，理出更为核心的原因型鱼骨图。

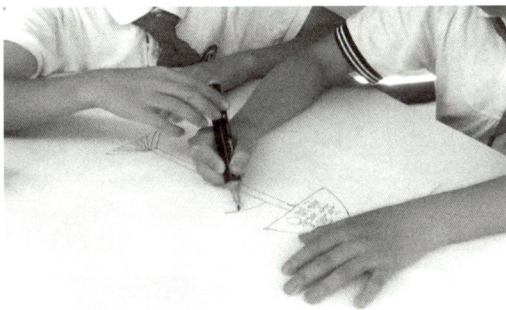

应用案例3　三年级语文课程[1]

以"学编小诗集"项目为例，运用鱼骨图进行古诗文信息的分析、整理和归纳。

1. 引导学生明确任务

师：同学们，我们如何将小诗集变得更完整与美观呢？

生1：可以进行一些插图绘画，让诗集更漂亮！

---

[1] 本案例由杭州市求是教育集团寿娉老师与杭州市求是教育集团之江第二小学李安琪老师共同提供，案例主题为"学编小诗集"。

生2：可以加一些前言，让读者更了解你的诗集。

生3：在展示诗集时，我们还可以制作PPT来呈现，这样就看得更加清楚、美观了！

2. 梳理型鱼骨图使用方法

师：大家说的都非常好。今天，我们就请鱼骨图来帮助我们发散思维，梳理方法。

师：梳理型鱼骨图通常鱼头在右，梳理的信息在左侧鱼刺上，这些信息可以是没有关联的。请同学们头脑风暴，尽可能找到多个解决问题的方法。

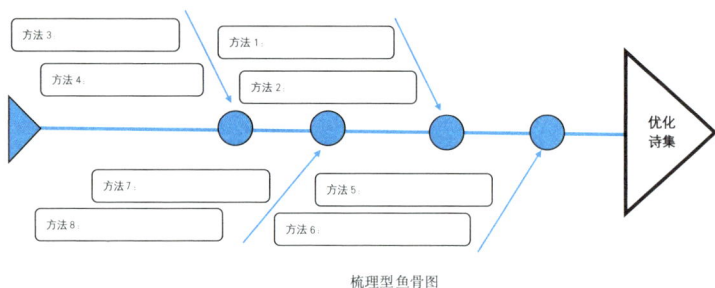

梳理型鱼骨图

师：我们可以团队合作，共同出谋划策，完成鱼骨图，为设计美观、完整的诗集而努力吧！

3. 学生设计鱼骨图

根据前面的讨论，学生合作设计鱼骨图。

4. 展示鱼骨图

学生面向师生展示成果，获得观众的认可。

案例分析

1. 对于低年级的孩子来说，进行商讨并将相同类别的信息归纳整理是一个比较困难的事情，因此，需要教师适时帮助。

2. 如果要将鱼骨图运用到中段或是高段学习，那么我们还可以直接借助工具表的形式，增强学生的自主性，为学生独立探究提供支架。

脑力挑战营

鱼骨图思维工具有三种类型，为何它们的鱼头朝向不同呢？鱼头朝向与类型有何关联呢？

👆 总结

1.鱼骨图思维工具可以运用于多种场景，教师或学生可以根据需要而选择相应的鱼骨图。

2.使用鱼骨图时，需要发散思维，寻找方法或原因，同时要注意方法或原因之间的相关性，提高归类能力。

⬇ **工具模板下载**

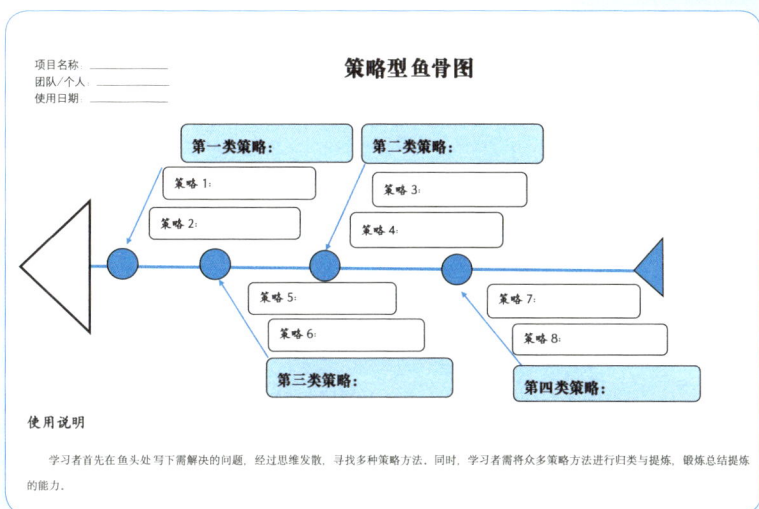

项目名称 _____
团队/个人 _____
使用日期 _____

策略型鱼骨图

第一类策略：

第二类策略：

策略1：

策略2：

策略3：

策略4：

策略5：

策略6：

策略7：

策略8：

第三类策略：

第四类策略：

使用说明

　　学习者首先在鱼头处写下需解决的问题，经过思维发散，寻找多种策略方法。同时，学习者需将众多策略方法进行归类与提炼，锻炼总结提炼的能力。

http://books.pbl.xiaoleader.com/#/reader/pc/tool/detail?
toolId=1623148094331817986

工具 7
介入—走出去—退一步

你有没有过这样的困扰呢？

在课堂中，当教师介入过多时，往往只剩下师生点对点的单一对话，学生缺少思辨的动机和契机，课堂缺少生机与活力；当教师完全放手，给足"辩"的契机时，学生又会遇到无话可说"不会辩"的窘境，或者是针锋相对"辩不好"的僵境。如何发挥教师的作用，即教师在什么契机介入，以及学生如何更好地亮观点和辨观点，成为师生共同的烦恼。

如果你也有类似的困扰，不妨看看介入—走出去—退一步工具吧。

这是一个什么样的工具？

"介入"是根据现有信息产生对某人或某事的看法；"走出去"是指通过多种途径收集信息；"退一步"是指在充分了解的基础上

对观点的反思、采纳过程。

　　介入—走出去—退一步可以用于故事类、历史事件类或新闻类的主题学习，也可以帮助学生反思自身观点，提升思辨能力。该工具并非单线进程，三个环节的呈现与顺序可以根据具体认知情况进行调整，以更好地达成学习目标。

需要准备什么？

　　介入—走出去—退一步工具表单或白纸、便利贴。

如何使用这个工具？

1. 介入

　　"介入"是建立后续思考学习的基本认知的过程。在这个环节中，需要引导学生从已有信息出发做出推理，形成自己的看法并予以解

释。同时，在该过程中教师可以帮助学生梳理推测的逻辑。

2. 走出去

在"走出去"环节中，学生容易因为他人观点与自己的不同，导致在分享观点时不自信。在该过程中需要引导学生认识到理解他人观点的重要性，而非将单一观点灌输给所有人。

3. 退一步

在"退一步"环节中，可以为学生出示一系列补充资料，包括图片、文字、视频等，再让学生通过新的信息判断自己的观点是否能得以支撑或补充。其间，可以让持有不同观点者进行沟通与分享。

介入—走出去—退一步使用小贴士

1. "介入"小贴士

在鼓励学生多角度理解事件的同时，要让学生通过说出理由进一步梳理思路，形成更具逻辑的观点。

2. "走出去"小贴士

要引导学生尊重、理解他人观点，避免过分关注自己的观点而只坚持单一的看法。

3. "退一步"小贴士

可以尝试用角色代入观点式的交流，以获得更多深入的体会。

脑力挑战营

回顾上面所学，想一想你课堂中的哪些情境和主题可以使用介入—走出去—退一步工具，以及如何使用这个工具培养学生的自学能力以及自我反思能力。

📐 如何实践应用这个工具？

应用案例1 六年级语文课程[1]

1. 各抒己见，走进《马诗》（介入）

教师让学生抢答带有"马"字的成语，进而快速引出课文《马诗》。学生自由朗读古诗后，获得了一些了解，也存在一些困惑。此时教师借机询问："这首诗写了什么？你读懂了什么？还有什么不懂的地方？"

这时，有些学生会借助注释将他读懂的内容说出来，例如："这应该是一首边塞诗，因为注释里有燕然山，借指边塞。"

有些学生会结合生活实际，说一说在古诗中懂得的内容，例如："我认为这首诗是在晚上写的，因为诗句中有燕山月似钩，能够看到月亮。"

也有不少学生提出了自己的疑问，例如："踏清秋是什么意思？作者想要用它表达什么思想感情？"

学生们针对自己读懂的及不懂的内容畅所欲言、各抒己见，这

---

1 本案例由杭州市大禹路小学沈佳璐老师提供，课程材料为部编版小学语文六年级下册第四单元"古诗三首"其一《马诗》。

就是介入—走出去—退一步思维工具中的"介入"环节，这一做法可以有效地消除学生初学古诗时的畏惧心理。

2. 探本溯源，走出《马诗》（走出去）

在学生借助注释、结合生活经验及想象画面，初步了解古诗后，教师引领学生再次回到自己提出的问题。教师提问："作者仅仅是在写马吗？请结合你搜集到的资料，想想作者想要表达怎样的情感。"借此提问，带动学生走出课文，鼓励学生通过各种方法，比如询问大人、查阅工具书、借助网络的帮助等获得相关的知识。最终，学生收集到了大量的关于《马诗》作者李贺的生平资料及写作背景，为理解古诗的思想情感提供了很大的帮助。

3. 一语道破，回归《马诗》（退一步）

最后，教师又一次询问："诗人抒发情感为什么要写马？"借此提问引领学生将课外获得的知识与初读课文所知的内容相结合，从而让学生们明白诗人李贺的这首诗既是写马，也是写人。马，希望在广阔无边的天地里自由地奔驰；人，也希望有施展自己才能的机会。诗人借马喻人，表达自己渴望为国建功立业的志向。最终教师点明：这就是古诗中"托物言志"的写法。

案例分析

对于六年级的学生来说，古诗的学习是一个难点，其中"托物言志"的古诗中情感的表达更是比较难把握的。所以教师可以借助介入—

走出去—退一步这个思维工具，让学生在"介入"时，借助想象画面猜测作者要表达的思想情感，在"走出去"中获取诗人更多的有关生平和时代背景的资料，在"退一步"的过程中，运用角色转换，站在诗人的视角进一步解读作者要表达的思想情感。通过使用介入—走出去—退一步思维工具，学生形成古诗阅读的思维方式，促进后续古诗的学习。

其次，该工具适用人群范围及用途都较广。在低中高学段的学生自学课文遇到困惑时、思维活动方向与目标脱离时、思维层次浅显时、冲突发生无解时，教师都可以及时运用介入—走出去—退一步工具解决。

应用案例2　五年级道德与法治课程[1]

学生在看到历史的时候，只能先以自己的生活认知来揣测历史真相，这时候就需要教师利用介入—走出去—退一步工具让学生去

1　本案例由杭州市大禹路小学郑晓庆老师提供，课程材料为统编版小学道德与法治五年级下册"富起来到强起来"。

主动深入了解历史事件。下面以"富起来到强起来"中的一个片段为例。

1. 多角度感知，介入史料（介入）

教师展示虎门销烟的历史图片，聚焦虎门销烟这段历史。此时教师引入介入—走出去—退一步工具，学生自主阅读虎门销烟的历史卡片，进入历史情境，对林则徐虎门销烟的决策产生初步看法，并记录下来。

2. 多途径搜索，探索新知（走出去）

学生通过多种途径搜集资料。有的小组查找历史图片了解了鸦片会严重损害身心健康；有的小组通过翻阅教科书等材料了解历史，明白鸦片大量输入致使财政空虚，烟毒泛滥；还有的小组通过采访周边有想法、有观点的人，听取他们的看法，并研究英国和国内生产力的状况，更深入地感知到了鸦片带来的巨大灾难。

3. 多维度反思，更新观念（退一步）

学生通过资料的收集与分享，对原有观点进行反思。学生此时会产生新的认识，了解林则徐的做法，明白虎门销烟是救国救民的重要举措，刻不容缓。

🔍 案例分析

教师借助介入—走出去—退一步思维工具，通过介入、走出去、退一步三步带领学生层层深入挖掘虎门销烟的历史事件，了解历史人物做出决策的考量。

应用案例3　五年级科学课程 [1]

"用水计量时间"一课是教科版小学科学五年级上册第三单元第二课的内容。在这一课中，学生需要探究水位高低与水滴速度的关系。在实验汇报环节，学生针对一组可疑数据"吵"了起来。

同学们都认为这组数据不合理、不真实，而汇报组坚持说这是通过实验做出来的，双方僵持不下，课堂氛围逐渐僵化。此时教师引入介入—走出去—退一步工具，为课堂增添了润滑剂。

1. 思维浅层时，启发介入

教师通过提问"是不是实验条件或实验器材不一样导致了不同

1　本案例由杭州市大禹路小学陈金冬老师提供，课程材料为教科版小学科学五年级上册"用水计量时间"。

的实验结果呢"，启发学生思考可疑数据出现的可能原因。

2.学生走出去，寻找证据

学生暂时接受对方的观点，并去其他小组对比观察实验器材，收集更多信息寻找原因。他们发现出现可疑数据的小组的实验器材与其他小组都不一样。

3.持证退一步，达成共识

在二次学习之后，学生再一次亮观点和辨观点，最终达成了一致的观念：可疑数据并不可疑，只是因为实验的时候，他们的漏孔比较大，所以流速快，测出来的时间数据就小了。

🔍 **案例分析**

介入—走出去—退一步工具的介入与使用，使学生能够基于充足的证据进行交流，更智慧地诊断和处理可疑数据，营造氛围良好的思辨课堂。

应用案例4　三年级科学课程[1]

师：老师今天带来了许多蜗牛，大部分蜗牛都把头伸出来跟我们打招呼啦！咦？这里怎么有一只蜗牛一直缩在壳里。小朋友们，你们知道它是怎么了吗？

1　本案例由杭州市转塘小学郑灵霞老师提供，课程材料为教科版小学科学三年级下册"动物的一生"单元拓展课。

1. 观察现象，猜测介入（介入）

学生通过蜗牛缩在壳里的现象思考，并在组内讨论产生这种现象的原因。有些学生猜测蜗牛已经死了，有些则猜测它睡着了。

2. 查阅资料，寻找证据（走出去）

学生通过查阅相关资料了解蜗牛缩在壳里的真实原因。资料卡片的信息显示，当遇到危险、环境湿度长期不适宜、进入休眠状态或者自然死亡时，蜗牛都会缩在壳里。

3. 推理分析，反思观点（退一步）

学生结合这只蜗牛的实际情况，对四种可能性进行一一排除。学生将真实的结论与他们刚开始提出的猜想进行对比，认识到自己表达的观点有不当之处，从而进行改正。

案例分析

通过运用该工具进行探究，学生意识到了自身原本认知中的错误或不当之处并进行了改正，提升了思维深度。在此过程中，学生也明白了对于自己不了解的事不能妄下结论。

应用案例 5 四年级德育课程 [1]

在校园生活中，教师是矛盾的协调者和化解者。面对学生之间的矛盾和冲突，我们同样可以借助介入—走出去—退一步工具，化干戈为玉帛，提升学生的情绪管理能力。

1. 剑拔弩张——教师需介入

在校园生活中，学生发生矛盾甚至剑拔弩张或没办法和解时，教师需介入，让双方冷静一些。

2. 角色浸入——学生走出去

在教师的引导下，学生尝试站在对方的角度思考问题。学生思考"如果我是'他'，我会做出什么决定"。

3. 理性解决——各自退一步

在充分了解事情真相的基础上，进行自我判断，最终找到一个解决矛盾的最佳办法。

案例分析

教师还能运用思维工具游刃有余地解决日常中学生之间发生冲突的情况。对于教师而言，这真是解决了一个大难题！

---

1 本案例由杭州市大禹路小学虞亚婕老师提供，案例主题为"解决学生间冲突"。

💡 脑力挑战营

介入—走出去—退一步工具是一款常用的策略型思维工具，这一款工具除了可以在课堂教学中使用之外，还可以在哪些场景使用？

👆 总结

1. 介入—走出去—退一步是一款简单实用的思维工具，由介入（根据现有信息对某人或某事的看法）、走出去（通过多种途径收集信息）、退一步（在充分了解的基础上对观点的反思、采纳过程）三个环节组成。

2. 介入—走出去—退一步可以用于故事类、历史事件类或新闻类的主题学习，也可以帮助学生反思自身观点，提升思辨能力。

3. 介入—走出去—退一步并非单线进程，三个环节的呈现与顺序可以根据具体认知情况进行调整，以更好地达成学习目标。

⬇ 工具模板下载

介入	走出去	退一步
基于目前的所见所闻，我想到的：	结合搜集到的新信息，我想到的：	综合分析所有信息，我想到的：

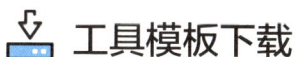

项目名称：＿＿＿＿＿＿
团队/个人：＿＿＿＿＿＿
使用日期：＿＿＿＿＿＿

介入—走出去—退一步

使用说明

在学习者确定学习目标之后，可以直接将思考的内容记录在表格上；也可以根据任务轮转卡片循序渐进地进行思考记录，或通过语言表达的方式进行交流。

工具8
思考—疑惑—探究

你有没有过这样的困扰呢?

在课堂上,学生对于主题没有兴趣和好奇心;在某一环节,学生的观察能力不够、思考程度不深;学生提出的浅层次问题达不到课堂继续深入的要求;面对新问题时,学生不知从哪里开始思考,虽满脸疑问,但也没有强烈的探索欲望……

如果你有类似的困扰,不妨看看思考—疑惑—探究工具吧。

这是一个什么样的工具?

这个工具指向三个提问:

思考——你对这个话题了解多少?

疑惑——你对这个话题有什么问题或疑惑?

探究——你怎么围绕这一话题探究自己的疑惑?

　　这是一种为深入探究奠定基础的思维模式，它可以在教师抛出某一话题后引导学生先对其进行思考，调动已有的先验知识，再引出学生对该话题存在的疑惑或好奇点，最后通过对疑惑的深入探究完成新知识的建构。教师可以利用该思维工具来了解学生已有的认知基础，立足学生起点展开后续教学，因此它适用于介绍新的观点、概念或者主题时。

需要准备什么？

思考—疑惑—探究学习表单或白纸、便利贴以及笔。

🔧 如何使用这个工具？

第一步：介绍

在使用该工具前，我们需要明确记录形式，可以将学生分为小组记录，也可以由教师写板书或收集便利贴来整理学生的想法，然后向学生简单介绍这个工具。

第二步：思考

引导学生联系实际生活，给学生一定的时间（如 3 分钟）思考"对于这个【主题 / 话题 / 问题】，你了解多少"，请学生独立思考，然后将想法写在下发的便利贴上或学习表单的对应位置。

第三步：疑惑

学生在思考的同时心里一定也有一些关于这个话题的疑惑。给学生一定的时间（如 3 分钟），让学生思考并简单记录自己的疑惑或存在的问题，其间需要保持安静，然后组织学生有序地查看同学们写下的有关这个话题的知识，并告知学生如果后面还有疑惑的话，可以用相同的方法记录下来。

第四步：探究

给学生一定的时间（如 5 分钟），让学生在"疑惑"这一栏问题列表中选择一个问题，接着在"探究"这一栏写下他们解决这个问题的方法。我们可以提出以下问题帮助学生思考：你能从哪里得到新的信息？搜索的关键词是什么？什么样的资料值得查询？如果不查资料，你可以从哪里得到新的信息？

第五步：交流

学生就刚刚记录下来的内容和周围的同学进行交流。

思考—疑惑—探究使用小贴士

1."思考"小技巧

- 引导学生从实际生活入手，进行观察和回忆。
- 鼓励学生在观察的时候就将想法记录下来，并和同桌进行交流。
- 默认学生只是初步或部分了解将要探讨的话题。

2."疑惑"小技巧

- 询问"你对这个话题有什么疑惑"而不是"你想知道什么"，可以让学生进行更多的思考，而不是只满足于收集信息。

⟳ 引导学生尽可能多地提出自己的疑惑。

3."探究"小技巧

⟳ 引导学生将注意力放在如何解答疑惑上。

⟳ 可以借助学生的提问和追问帮助他们解决问题，逐步完成思维能力提升过程。

💡 脑力挑战营

回顾上面所学，想一想你课堂中的哪些环节可以使用思考—疑惑—探究工具，该工具在教研活动或者教学管理中又可以如何使用。

📐 如何实践应用这个工具?

应用案例1　五年级科学课程[1]

1.思考: 以真实问题开启学生的思考

结合大量照片的展示，引导学生联系生活经验，思考"饮料对青少年究竟有什么影响"，留出充足时间给学生进行"饮料对

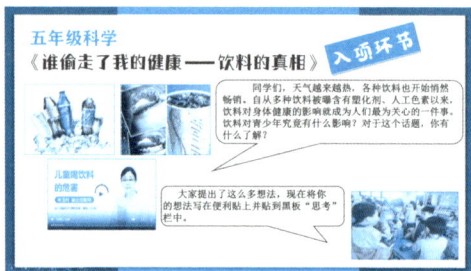

1　本案例由杭州市文溪小学洪霜老师提供，案例主题为"谁偷走了我的健康——饮料的真相"。

青少年的影响"的思考，让学生把思考的内容写在便利贴上，并组织学生粘贴至黑板"思考"栏。教师通过整理观点，了解学生的已有认知，在相互讨论中不断鼓励学生提出新观点。

2. 疑惑：引导学生深入思考并学会提问

师：你对大家提出的饮料对青少年的哪些影响存在疑惑？关于饮料的真相，你还有什么好奇的问题吗？

引导学生大声说出自己的疑惑，并记录自己的疑问或其他想了解的话题，和组内成员讨论。一人负责汇总

组内疑惑，粘贴至"疑惑"栏。这时可能会存在一些重复的问题，需要教师进行二次汇总，并标记序号，便于后续学生进行探究。

3. 探究：自主选择问题开展研究

师：我们应该如何解决这些问题呢？

让学生们在问题列表中选择一个问题，思考如何解决或打算如何探究。询问组内其他同学的想法，初步记录探究内容。这时，让选择同一个问题开展探究的同学组成一个团队，继续进行思维碰撞。

最后是交流环节，以问题研究小组为单位，上台介绍组内的初步探究想法，其他学生给出积极正向的建议，帮助完善探究方案。

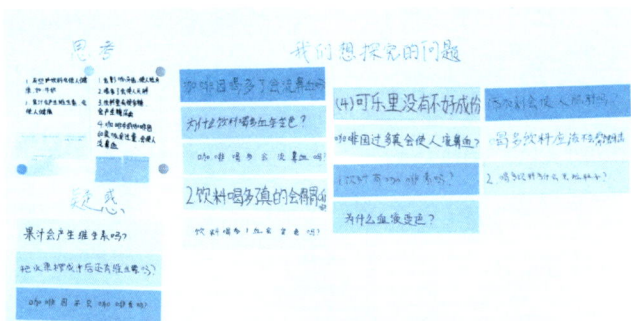

🔍 **案例分析**

通过这个案例，我们能清楚地发现将思考—疑惑—探究工具运用在入项环节时，应先通过"思考"帮助学生激活与话题相关的已有知识，然后根据梳理清楚的"疑惑"，确定好项目的各个子任务，从而开展后续真正的"探究"。对于应用该工具有困难的学生，教师可以巧借板书、课堂提问、组织交流等帮助学生逐步完成思考、疑惑、探究的过程，鼓励学生表达自己的想法，引导学生小组合作探究研究方案，以更好地达成学习目标。对于已经能熟练应用该工具的学生，可以直接用便利贴和思考—疑惑—探究学习表单的形式，增强探索的自主性，为独立探究提供支架。

如果要将思考—疑惑—探究运用于低段或是中段学生，那么我们需要改变课堂形式，鼓励学生讲出或简单记录自己的想法，以教师收集为主要形式，适时追问，为学生深入探究提供支架。

应用案例 2　五年级数学课程 [1]

1. 思考

师：你对面积了解多少？请大家拿出课前下发的便利贴，将你的想法写下来，并贴在老师准备好的白纸的相应位置。

引导学生独立思考，唤起其对"面积"知识的已有认知。

2. 疑惑

师：相信刚才同学们在思考的同时心里一定也有一些关于面积的疑惑，请你用相同的方法记录下来，贴在白纸的相应位置。

依旧引导学生独立思考，大胆表达自己对于"面积"这一概念的疑惑。通过对"疑惑"的整理发现，学生们最想知道的是如何确定物体表面面积的大小。

3. 探究

师：如何确定面积的大小？你们能想到几种不同的方法？需要用到什么材料？

接下来，教师在白纸上准备两个不规则多边形，让学生根据需要选择材料，小组合作比较两个图形的面积大小。学生通过摆小正方形数个数、割补成新图形重叠比较、用边长计算面积等方法进行探究。

1　本案例由杭州市钱塘外语学校王哲君老师提供，课程材料为部编版小学数学五年级下册"面积的初步认识"。

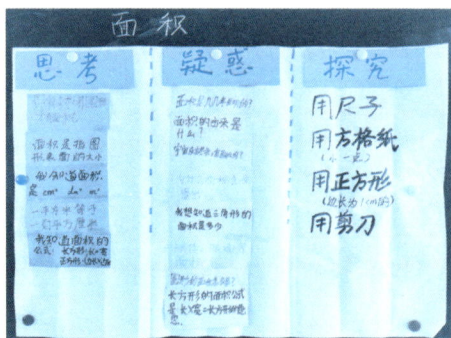

🔍 **案例分析**

　　思考—疑惑—探究工具也可以运用在知识建构环节，激活学生的想法和好奇心，帮助学生有方向、更深入地开展学习探究，找到如何解决问题的方法和路径。

应用案例3　六年级数学课程[1]

1. 思考

　　出示问题：全班有40名同学，每2人握一次手，一共握多少次手？

　　提问：思考一下，对于这个问题，你学过的哪些知识可以帮助你解决，以及你打算用怎样的方法进行探究。

2. 探究

　　学生用自己喜欢的方法独立探究，可以画一画、写一写、算一算。完成后再以4人小组形式交流。

――――――――――
1　本案例由杭州市文溪小学汪良斌老师提供，课程材料为部编版小学数学六年级下册"数学思考：找规律"。

3. 疑惑

最后，教师针对刚刚学生展示的探究过程及方法提问："在刚刚的探究过程中你有什么疑惑吗？"指出"化繁为简、数形结合"的数学思想方法，小结课堂。

🔍 **案例分析**

作为一个通用又实用的工具，除了常规的用法，我们在课堂中还可以根据实际需求改造思考—疑惑—探究工具，灵活地使用，以更好地达成我们的教学目标。

灵活改变思考—疑惑—探究思维工具的使用顺序能够帮助学生回顾问题解决的过程，让学生更有目的性地进行思考，深化对数学思想方法的认识。

💡 **脑力挑战营**

思考—疑惑—探究是一款能促进学生深度学习的思维工具，用"思考"激发学生好奇心，用"疑惑"了解学生还没有掌握的部分，用"探究"引导学生自主探索。其在入项、知识建构、反思优化环节都可以使用。回顾自己的课堂，想一想你可以如何灵活创新地使用这一工具。

☞ 总结

1.思考—疑惑—探究是一款简单好用且实用高效的思维工具，由思考、疑惑、探究三部分组成。

2.思考—疑惑—探究可以在课堂伊始激发学生的好奇心，也可以在课堂环节中助力学生的思考，增加学生探究的深度。

3.在使用时，三个环节的表述可以根据学科类型、课堂的实际情况、学生的年龄特点等进行适当的调整，以更好地达成学习目标。

⬇ 工具模板下载

项目名称：＿＿＿＿＿＿＿＿　　　　　**思考—疑惑—探究**
团队/个人：＿＿＿＿＿＿＿＿
使用日期：＿＿＿＿＿＿＿＿

思考	疑惑	探究
对于这个【主题/话题/问题】，我已经了解了什么？	对于这个【主题/话题/问题】，我有什么疑惑？	对于这个【主题/话题/问题】的疑惑，我打算如何探究？

使用说明

在利用该思维模式进行深入探究时，可以直接在这张表单上书写，也可以先写在便利贴上再贴到工具表单中，使用时，可以根据内容或环节需要改变顺序，改造形式，灵活运用，以促进学习者充分的思维发散以及有方向性的深入思考。

http://books.pbl.xiaoleader.com/#/reader/pc/tool/detail?
toolId=1623161549084430338

工具 9
三个为什么

你有没有过这样的困扰呢？

在学习活动中，学生常常对所教授的知识只有浅表的认知，会产生"为什么要学""学了有什么用"等想法，因而容易失去想要继续探究下去的动力；当主题内容与学生的实际生活关联性不大的时候，学生如果对该主题没有特别的兴趣和好奇心，就容易出现专注力不够持久，学一会儿思想就游离在外了等状况。

如果你有发现类似的现象并产生了一定的困扰，不妨看看三个为什么工具。

这是一个什么样的工具？

三个为什么工具旨在培养学生辨别情况、主题或问题的重要性的思维习惯，同时强调世界、周围和个人的联系。当学生开始相信

某个主题或知识体系很重要时，他们就有动力去学习。然而，衡量重要性（即确定某事是否重要以及为什么重要）是一种很少被教授的能力。三个为什么思维工具帮助学习者拓宽视野范围，鼓励学生通过揭示主题在多个语境中的重要性来培养调查主题的内在动机。该思维工具还强调了世界、周围和个人的联系，帮助学生建立本地与全球的联系，并将自己置于本地和全球范围内。

需要准备什么？

三个为什么学习表单或白纸、便利贴。

如何使用这个工具？

1. 发放三个为什么学习表单

提前制作好三个为什么学习表单并发放给学生，或者分发一张

空白纸引导学生自己创建。

2. 针对主题思考第一个"为什么"

发放完学习表单后，教师展示本次话题/主题，并让学生思考"为什么这个【话题/主题】对我很重要"，即建立主题与我之间的联系。

3. 引导学生思考第二个"为什么"

回答完第一个"为什么"后，让学生接着思考"为什么【话题/主题】对我周围的人（家人、朋友、城市、国家）很重要"，即将学生置身于更高的思维层面上进行思考判断。

4. 引导学生思考第三个"为什么"

最后，让学生思考"为什么这个【话题/主题】对世界很重要"，即引导学生将思维层面拓展到全球。这有助于学生与看似很遥远的主题建立联系。

三个为什么使用小贴士

1. 顺序可反向

除了按照个人、周围、世界的顺序提问，也可以反过来按照世界、周围、个人的顺序提问，具体可以根据主题的性质从更容易理解的入口开始。

2. 步骤可渐进

建议一次完成一个步骤，如果同时考虑三个问题，可能会丢失主题与个人、周围和世界的关系中有趣的细微差别。

3. 观点可延伸

如果时间允许，可以将学生的想法进行比较和归类，以找到共同的动机。

脑力挑战营

回顾上面所学，想一想你课堂中的哪些主题可以尝试使用三个为什么工具，你会设计哪些层面的"为什么"帮助学生对该主题/话题有更为深刻的认识与理解，以及该工具在教研活动或者教学管理中又可以如何使用。

📐 如何实践应用这个工具？

应用案例1 四年级德育课程 [1]

1. 情景导入，引出话题

师：校园里存有许多潜在隐患，影响了我们的安全。安全习惯记在心间，落实在行动，同学们选择了设计"安全飞行棋"来帮助我们牢记安全习惯并远离安全隐患。那么，为什么大家都想选择用飞行棋来助力我们校园安全学习和实践的提升呢？

2. 学生围绕三个为什么工具表单进行思考

师：大家根据课件出示的三个为什么工具，来说一说理由吧！大家有 2 分钟的思考时间，尽可能地多想一些理由说服老师吧！

3. 借助表单，观点分享

师：参与这个飞行棋项目对我有什么影响呢？

生 1：通过参与"校园安全飞行棋"这个项目，我边玩边知道了什么是安全行为，什么是不安全行为。

姓名：朱一涵

The 3 Whys

一个思考重要想法和连接世界的程序！

话题：校园安全飞行棋

为什么它对我很重要？
因为飞行棋能帮助我们牢记安全习惯

为什么它对我周围的人（同学、家人）很重要？
因为它能帮记住学校的安全

为什么它对校园很重要？
因为它能增强校园安全纪律意识

为什么它对世界很重要？
因为世界上有很多安全事故，帮助更防预安全事故

1　本案例由杭州市翠苑第一小学陈宇婷老师提供，案例主题为"校园安全飞行棋"。

生 2：如果让我来设计"校园安全飞行棋"，我需要去校园里寻找安全行为和不安全行为，将这些行为设计到我的棋盘中去，这样我对它们的印象就会很深刻，以后就不会做出危险行为了。

生 3：我们很喜欢用这样有趣的动手实践项目来学习、明白道理，了解规范。我觉得通过参与这个项目，我能提升设计能力和创新能力。

师：参与这个项目对我的同学有什么影响呢？

生 4：我和我身边的同学，或者低年级弟弟妹妹一起玩飞行棋，他们也会在玩的过程中了解安全行为和不安全行为，强化印象，这样比口头告诉他这样做不好更有效果。

师：参与这个项目对我们的校园有什么影响呢？

生 5：我觉得如果学校能将我们设计的"校园安全飞行棋"在公众号等平台宣传，不仅我们学校的学生能在游戏的过程中学会安全行为，别的学校的同学看到了也会这样做，这样他们也会变得更加文明。

师：参与这个项目对我们的世界有什么影响呢？

生 6：如果每个人都能有安全意识，同时也能关照他人的安全，那这个世界将会变得非常美好！

案例分析

教师创设情景，与学生互换身份，让学生来说服教师选择这个项目。借助三个为什么工具，引导学生充分展开思考，从项目对自己、同伴、校园甚至社会的许多正面积极的影响来表达，实现项目启动阶段兴趣及内驱力的充分驱动，也让学生产生"我的行为会对自己、周围、社会、世界产生有利作用"的思维，实现项目价值最大化。

应用案例 2　五年级语文课程 [1]

1. 布置任务介绍规则

师：在开启美妙的汉字之旅前，老师想请大家借助三个为什么学习表单，先思考几个问题。为什么汉字对我们来说很重要呢？为什么汉字对我周围的人、城市甚至是国家都很重要呢？为什么汉字在世界范围内的影响力越来越大？

2. 学生借助表单进行思考

师：请同学们按照老师提问的顺序依次思考这三个问题，可以想一想这三个角度的细微差别。

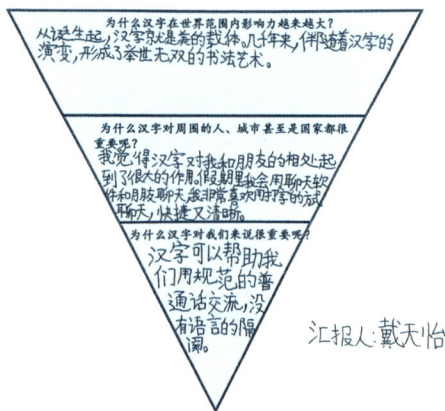

---

3. 学生观点汇报

生 1：有了汉字，才能保证我们正常的学习、工作、生活。

生 2：我们的国家是多民族国家，汉字是维系中华民族团结的纽带，能够巩固国家的统一。

生 3：从中华文明诞生起，汉字就是美的载体。数千年来，伴随着汉字的演变，形成了举世无双的书法艺术。美妙的汉字，是中华文明献给世界的一份厚重礼物。

……

案例分析

　　在这一研究过程中，教师提前制作好三个为什么学习表并发放给学生，通过这三个问题，让学生建立主题与自己之间的联系，进而置身于更高的思维层面上进行思考判断，最后引导学生将思维层面拓宽至全球，这有助于学生与似乎很遥远的主题建立联系，激发学生对学习主题的兴趣，并加强学习内驱力，也能让学生产生"我的行为会对自己、周围、社会、世界产生有利作用"的思维。待学生充分熟悉三个为什么思维工具后，也可尝试将三个问题一次性呈现出来，学生对问题进行系统性思考，或许会有不一样的想法。

应用案例 3　六年级美术课程 [1]

1. 情景导入，引出话题

师：同学们，你们有去看过展览吗？很多人总是认为展览是艺术爱好者的"专场"，其实不尽然。小到家园，大到国家，都可称之为"展览"。广义角度的"展览"，是一种面貌的展现，一座城是一个"展览"，一个国家也可以是一个"展览"！它是一种美的传达，更是一种文化的交流！

2. 师生借助三个为什么工具进行互动探讨

师：同学们，请思考"为什么展览对我很重要"。

生 1：如果我是一位艺术家，我希望我的作品能够被更多的人看到，所以展览对我很重要！

生 2：对于作为观众的我来说，通过展览可以看到很多有趣或有深度的东西，可以在里面学到很多知识。

师：同学们，请思考"为什么展览对我的周围很重要"。这里的周围可以是家人、朋友、城市、国家。

生 3：有时候我们会和我们的家人、朋友一起去看展，在看展的过程中，不仅能学习到知识，还能增进我们彼此之间的情感，那是亲情和友情。

生 4：展览是一种文化的体现，可以是城市、国家的文化标杆。

1　本案例由杭州市学军小学之江校区梅钊钊老师提供，课程材料为浙美版六年级下册"展示设计"。

就像著名的法国卢浮宫，带动了当地城市的发展。

师：同学们，请思考"为什么展览对世界很重要"。

生 5：展览中作品的呈现，是艺术文化之间的一种无声交流，也是一种文化的诠释与彰显。文化的传播能够让国与国之间尊重彼此的文化，有利于国家之间的和谐相处。有了尊重，在一定的意义上能够避免纷争，从而让世界走向和平。

师：同学们可以将你们的想法记录在便利贴上，贴到对应的展板位置。

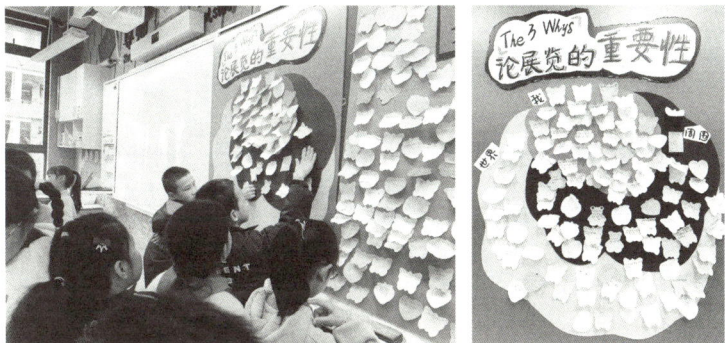

3. 价值驱动，深入探究

师：这就是展览存在的意义！学习展览对我们来说很重要！这节课，我们将走进展览，深度了解与学习展览设计的奥秘！

案例分析

教师通过创建板贴式三个为什么学习表单，出示"展览"主题，并让学生思考"为什么展览对我很重要"，建立了主题与"我"之间的联系。学生从中对"我"创设了不同角色场景，即分别从"我是画家"

和"我是观众"两种情境进行联系与构想。回答完第一个"为什么"后，通过让学生接着思考"为什么展览对我周围的人（家人、朋友、城市、国家）很重要"，让学生置身于更高的思维层面上进行思考判断。最后，通过让学生回答"为什么展览对世界很重要"，引导学生将思维层面拓宽至全球。将被动接收化为主动感知，当学生开始相信展览很重要的时候，他就有了学习的动力。拓展学习表单的呈现方式，带着深度思考后的学习，获得的是学生别样的精彩。

脑力挑战营

对于与学生实际生活关联性不大的主题，可以按照世界、周围、个人的顺序提问。请结合具体教学实践，思考使用情境与成效的异同。

总结

1.三个为什么是一款实用高效的思维工具，由个人、周围、世界构成的"为什么"三问式组成。

2.三个为什么可以在课堂伊始激发学生的好奇心，衡量价值意义，也可以在课堂环节中助力学生的思考，增加学生对主题价值意义的深度认知。

3.在使用时，三个问题的表述可以根据课堂的实际情况、学生的学段等进行适当的调整，以更好地达成学习目标。

⬇ 工具模板下载

项目名称: ＿＿＿＿＿＿＿

团队/个人: ＿＿＿＿＿＿＿

使用日期: ＿＿＿＿＿＿＿

三个为什么

话题/主题		
个人 为什么这个[话题/主题]对我很重要？	**周围** 为什么这个[话题/主题]对我周围的人（家人、朋友、城市、国家）很重要？	**世界** 为什么这个[话题/主题]对世界很重要？

使用说明

除了按照个人、周围、世界的顺序提问，也可以反过来按照世界、周围、个人的顺序提问。具体可以根据主题的性质从更容易理解的入口开始；建议学生一次完成一个步骤，如果同时考虑三个问题，可能会丢失主题与个人、周围和世界的关系中有趣的细微差别。如果时间允许，可以将学生的想法进行比较和归类，以找到共同的动机。

http://books.pbl.xiaoleader.com/#/reader/pc/tool/detail?toolId=1623199852198367234

工具 10
6-3-5 头脑风暴

你有没有过这样的困扰呢?

你一定遇到过以下情况吧！当给学生提供自主讨论的时间和空间，想让他们打开思路并有创意地提出自己的一些想法时，学生在大多数情况下都是各自挠头苦思冥想，然而等到回答问题时只会说一句"我和他一样"。有时我们还会遇到这样的情况：组长或主力承包了整个组所有的想法，其他成员根本没有围绕问题积极思考，甚至在做其他的事情。

如果你有类似的困扰，不妨看看 6-3-5 头脑风暴工具吧。

这是一个什么样的工具?

在 6-3-5 头脑风暴中，6 是指 6 个成员，3 是指 3 个设想，5 是指 5 分钟一循环。6-3-5 头脑风暴是一种非常有效的激发创意想法的工具，可以帮助团队在短时间内产生大量的想法。这种方法鼓励团队所有成员平等参与，有助于避免由某个成员控制谈话。

需要准备什么?

6-3-5头脑风暴工具模板或记录专用纸、笔、便利贴，以及计时器、舒缓音乐。

🔧 如何使用这个工具？

1. 介绍工具

使用之前，教师对学生做关于 6-3-5 头脑风暴的整体性介绍。

2. 确定目标

教师公布头脑风暴的主题，明确本次头脑风暴活动的目标。教师要设法激发学生对活动的研究兴趣，学生要能清楚认识并乐于在本环节积极完成相应的思维挑战。

3. 思考默写

在第一个 5 分钟，学生各自在自己的专用纸上写出 3 个设想，表述尽量简明，然后传到下一个人手中。教师及时掐表提示交换纸张，开始第 2 个 5 分钟，每个人在他人的基础上再写出自己的 3 个设想。新的设想可受已有设想启发，也可与它们有所不同，按上述方法进行循环，一直持续到每个人拿回自己最初的专用纸。

4. 整合梳理

教师引导学生先在组内开展交流，用合适的方式对本组的想法做梳理，完成第一次整合。随即，学生可以通过上台展示或项目墙等方式开展组间交流，集体寻找到最佳的方案。

6-3-5 头脑风暴使用小贴士

1. 观点需有效

成员要能从正面、有效的角度提出想法和建议，为寻找到最佳方案做出贡献。

2. 表述需清晰

内容记录时，表述要直白、清晰，能让其他同学理解。

脑力挑战营

回顾上面所学，想一想与 6-3-5 头脑风暴思维工具最契合的教学目标是什么，以及如何在 40 分钟的日常教学中使用好 6-3-5 头脑风暴工具。

如何实践应用这个工具？

应用案例1　四年级跨学科课程[1]

1. 课前：认识6-3-5头脑风暴

师：什么是6-3-5头脑风暴呢？让我们一起来看看吧！

让6人围绕圆桌而坐，每人产生3个创意并于5分钟内写在专用纸上，然后再传到下一个人手上，这样反复6次。那么在30分钟内，我们就能获得108个创意啦！

2. 步骤一：确立目标

师：六年级的大哥哥、大姐姐就要毕业了，如何有效循环再利用我们日常生活中的旧衣服，为学长、学姐制作毕业礼服，宣传环保的理念呢？带着我们的驱动性问题，这节课请同学们先观察老师带来的小人台礼服设计作品，然后围绕"从上衣、裙子、腰部等细节入手画一画礼服有哪些样式"进行思考。接下来，我们将分小组

1　本案例由杭州市文一街小学廖淑香老师提供，案例主题为"设计毕业晚会礼服"。

进行头脑风暴。如何让我们脑洞大开呢？就用 6-3-5 头脑风暴工具来帮助我们发散思维吧。

3. 步骤二：思考默写

学生利用模板或专用纸在设定时间内独立思考并记录观点，其间需做到下以要求。

（1）不能讨论，保持安静，思维可自由发散。

（2）紧紧围绕上衣、裙子、腰部设计样式来绘制设计图。

（3）每 5 分钟为一轮，5 分钟计时完毕后请将纸张传给左手边的同学，一共进行 6 轮。

教师进行计时，每 5 分钟提醒学生交换表格。

4. 步骤三：梳理整合

师：同学们，经过刚才的 6-3-5 头脑风暴，我们每个小组共绘制了 108 种上衣、裙子、腰部样式设计图。请每个小组根据设计图，在这 108 种样式中挑选出自己最喜欢的两件上衣、两条裙子、两个腰部样式，并在上面贴上小太阳。

学生流动观摩，并用小太阳评价其他组的设计图。

师：请每个组统计出得票数最高的上衣、裙子、腰部样式设计。小组讨论，由一名同学将你们最终选出的一套上衣、裙子、腰部样式设计绘制出来。请组长带上设计图上台汇报本小组的最终设计方案，说一说这套样式的设计思路亮点。

🔍 **案例分析**

案例中，学生需要设计毕业晚会礼服的样式，并绘制上衣、裙子、腰部等部位的细节草图。从礼服设计的角度出发，学生们最终形成的样式库必须有多样的特点。在思考过程中，学生们以 6-3-5 头脑风暴作为思维工具辅助想法的生成。最终，设计小组绘制出了 108 种上衣、裙子、腰部样式等细节设计图。

　　学生思维本身具有一定的创新力，只是大多数时候这种力量很难集中起来，因而合理使用 6-3-5 头脑风暴工具能帮助学生有效聚焦思维创新力，从而激发学生有趣而有深度的思维。

应用案例 2　六年级数学课程[1]

1. 课前：认识 4-1-3 头脑风暴（衍生变式用法）

　师：什么是 4-1-3 头脑风暴呢？让我们一起来看看吧！ 4-1-3 头脑风暴中，4 是指 4 个成员，1 是指 1 个设想，3 是指 3 分钟一循环。4 人小组中每人都会拿到一张 4-1-3 记录专用纸。在问题公布后的第一个 3 分钟内，每人在专用纸上写出 1 个设想，表述尽量简明，然后传到下一人手中。在第 2 个 3 分钟内，每人在他人的基础上再写出 1 个设想。所以在第 3 个 3 分钟，我们要做什么呢？

　　教师通过提问与学生互动，增强学生对 4-1-3 头脑风暴的认识。

　　学生认识 4-1-3 头脑风暴

1　本案例由杭州市紫萱小学彭华丽老师提供，课程材料为部编版小学数学六年级下册"圆柱的认识"。

2. 步骤一：确立目标

教师在了解学生对"圆柱"的前概念后，提出驱动性问题。

师：今天，我们要解决一个难题——怎样使用桌上提供的材料来制作一个圆柱？我们不同的小组比一比，看谁想到的方法既科学又多样。

3. 步骤二：思考默写

教师和学生互动，再次梳理 4-1-3 头脑风暴的大致流程和重要细节。之后，在首个 3 分钟里，学生利用模板或专用纸在设定时间内独立思考并记录观点。

教师巡视学生小组，发现每个小组的成员都在认真地思考，想到的方法都各有千秋，有的切下了胡萝卜，有的用了硬币……

后续每 3 分钟进行组内交换，各人写下自己的想法。

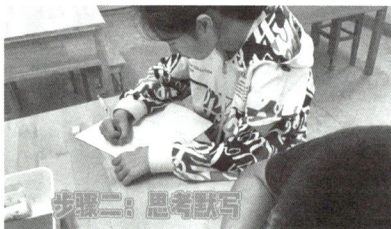

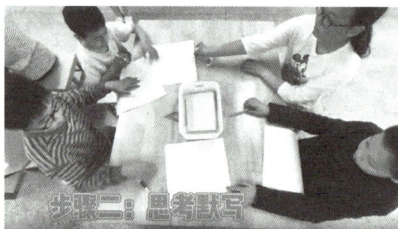

4. 步骤三：梳理整合

首先是小组内的思维碰撞。

教师引导学生小组进行想法交流，指导他们如何处理小组成员们的所有想法。

学生认真与同伴交流，倾听其他人的不同想法，最后将小组的想法整理成一份。

然后是组间的想法交流。

学生分工讲解自己小组的方法，思辨别的小组方法与自己小组方法的异同点。

学生遇到表达困难时，教师给予一些必要的帮助。最后引导大家对全班的想法进行梳理，可以发现制作一个圆柱是能有多种方法的。

案例分析

案例中，学生要在数学课上用真实物体制作圆柱。数学课教学时间紧凑，于是教师将 6-3-5 头脑风暴合理变式为 4-1-3 头脑风暴。从 4-1-3 头脑风暴结束后的结果来看，这种变式是成功的。学生在 4-1-3 头脑风暴的帮助下，积极思考、动手实践，将数学理论知识应用到了真实问题上。每个学生（无论成绩如何）都全身心地投入学科学习中，真正地被激发了学习潜力。

💡 脑力挑战营

6-3-5 头脑风暴还可以有很多变式用法，思考一下你可以怎么将它进行变形使用。

☝ 总结

1. 6-3-5 头脑风暴是能充分激发学生想法的一种思维工具，由确立目标、思考默写和梳理整合三部分组成。

2. 在学生探索某个拥有复杂性和多维性的主题时，6-3-5 头脑风暴能帮助教师引导学生了解主题的广度和深度并激发学生对它的好奇心。

3. 在知识建构、方案设想、评论修订等阶段，教师可灵活使用 6-3-5 头脑风暴。此外，教师还可以根据学生思维基础、课堂时间等客观情况做出相应变式，如 4-1-3 头脑风暴。

⬇ 工具模板下载

项目名称：＿＿＿＿＿＿
团队/个人：＿＿＿＿＿＿
使用日期：＿＿＿＿＿＿

6-3-5 头脑风暴

姓名	设想 1	设想 2	设想 3
1			
2			
3			
4			
5			
6			

使用说明

在问题公布后的第一个 5 分钟内，每人在专用纸上写出 3 个设想，表述尽量简明，然后传到下一人手中，第 2 个 5 分钟内，每人在他人的基础上再写出 3 个设想，新的设想可受已有设想所激发，也可与它们有所不同，按上述方法进行循环，30 分钟后每人将产生 18 个设想，一共有 108 个初步设想。

http://books.pbl.xiaoleader.com/#/reader/pc/tool/detail?
toolId=1623200533592412161

工具 11
奔驰法

你有没有过这样的困扰呢？

课堂中学生在设计方案时打不开思维，束手无策；小组活动环节，学生小组讨论效果不佳，找不到关键问题的解决思路，思考问题的积极性变低，参与度也减少；面对困难，学生不能自信地表达有创意的想法……

如果你有类似的困扰，不妨看看奔驰法工具吧。

这是一个什么样的工具？

奔驰法是一种快速、直接的创造性头脑风暴形式。使用该工具时可以通过代替、结合、适应、修改、换个用途、消除、逆转七个提示中的任何一个，来询问有关现有产品的问题，从而帮助改进设计。奔驰法要求学生从特定的角度思考，可以帮助学生产生创新想法，

而这些想法是使用常规思维流程无法实现的，有助于做出最佳决策，从而推动创新，提升学生的创造力。

代替（S，Substitute）：明确可以被替换的过程并且做出决定。

结合（C，Combine）：将两个想法、过程或产品制作的多个阶段合并为一个更有效的过程来输出。

适应（A，Adapt）：通过集思广益的讨论，调整产品或服务以获得更好的输出。这种调整的范围可以是微小的变化或全局的变化。

修改（M，Modify）：以释放更多创新能力或解决问题的方式来指导并改变设计流程。

换个用途（P，Put to another use）：如何将当前产品或过程用于其他目的或如何使用现有产品来解决问题。

消除（E，Eliminate）：其作用是识别并消除冗余的部分从而使产品变得更加精致。

逆转（R，Reverse）：改变流程顺序，帮助解决问题或形成更具有创新性的产品。

需要准备什么？

奔驰法工具模板或空白纸、笔，以及轻松的音乐。

如何使用这个工具？

1. 组队并明确议题

在开展头脑风暴之前，学生先自行组队，针对某个问题，明确自己的研究点。

2. 围绕 7 个切入点分别设计合适的问题

在进行头脑风暴时，学生需要针对讨论的问题并对应奔驰法所包含的 7 个思考方向进行具体的问题设计。

3. 讨论、分析与方案整合

组内学生自行选择其中的 1 ～ 2 个方向进行思考，而后分享给其他学生开展讨论分析，最后将各自的方案整合，得到最终方案。

奔驰法使用小贴士

1. 组队人数要合适

小组的人数建议为 4 ～ 6 人。人数过少，容易造成讨论不够充分；人数太多，讨论焦点容易分散，不便于结果的聚合。

2. 队伍成员宜多样

在可能的情况下，队伍成员应根据能力、专长和个人特点进行搭配，同时制定简单的团队章程，方便后续合作的开展。

3. 多元工具做配合

可以配合其他思维工具使用，使成果的呈现更为全面、完整。

脑力挑战营

奔驰法有助于做出决策，指导创新。回顾所学，思考你可以在组织项目化学习或常规教学的哪些情境中使用该工具，以及你会怎样使用。

如何实践应用这个工具？

应用案例1 六年级跨学科课程[1]

1. 自行组队，明确讨论议题

教师导入设计主题——炎炎夏日，如何设计一把智能化的风扇来为大家送去清凉呢？

学生4～6人一组，自行组队，明确设计制作的主题。

2. 头脑风暴，思考关键问题

师：思考所选主题的关键问题是什么？

生：如何让风扇智能化。

教师引导学生运用奔驰法，学生讨论，明确思路如下：

- 智能感应风扇必须有哪些功能？
- 智能感应风扇的造型设计可以把哪些设计因子结合进来？（C）
- 智能感应风扇的哪些功能可以通过调整传感器实现？（A）
- 传统风扇的哪些模块可以被替换？（S）
- 在使用传感器的前提下，不使用风扇叶可以吗？（E）

学生开展方案设计。

3. 分享结果，整合设计方案

师：请大家积极思考并发言，对不同组的作品设计方案给出不

---

1 本案例由杭州市保俶塔实验学校刘许燕老师提供，案例主题为"SP机器人"。

同的意见，并说明理出。

师：除了这些，在生活中，你觉得智能感应风扇还应具备哪些功能呢?

生1：智能感应风扇能否优化一下，改造出更有趣的风扇叶造型？（M）

生2：风扇叶大小能不能调整一下呢？（A）

生3：如果换用另外的传感器，会有什么样的效果呢？（S）

生4：假如把传感器的程序算法前后颠倒一下，会发生什么呢?（R）

学生在教师指导下对照优化后的方案进行外观建模和编程。

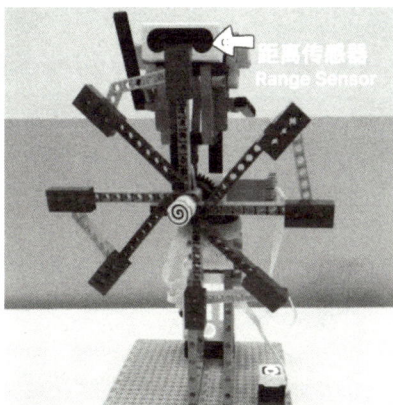

🔍 **案例分析**

对于六年级学生来说，培养个性化的能力，全面提升核心素养是当下信息教学所追求的。

在拓展课程中，通过奔驰法思维工具引导学生对最终作品的外观、功能进行思考，解决驱动性问题，进而完成风扇智能化的编程设计，学生在学习的过程中，思维不再固化，而是得到了充分的拓展，积极性也被带动了，真正达成了指向高阶思维能力提升的学习。

应用案例2　四年级跨学科课程[1]

1. 要素先行，认识思维工具

教师导入设计主题：制作校园植物图鉴。

在统编版小学科学四年级上册观察习作单元的知识背景下，以"制作校园植物图鉴"项目为依托，引导学生进行连续细致的观察，从植物图鉴的内容、用途、呈现方式等多方面切入奔驰法，通过创意提问激发学生的探究欲，拓宽学生思维的深度和广度。

教师介绍奔驰法，并说明其中的关键词旨在提供7种不同的思考方向来寻找创新的想法和解决方案。学生自行组队，明确各自要设计的作品主题。

2. 思维碰撞，开拓思维方向

探讨环节中，在学生无法提供创新的想法时，可以通过以下语句提示学生思考："我要用 _____ 的方法来制作校园植物图鉴，我准备 _____ 。"

学生进行头脑风暴，从7个方面进行思考：

生1：我要用"（S）代替"的方法来制作校园植物图鉴，我准

1　本案例由杭州市求是教育集团浙大二附小王露瑶老师提供，课程材料为学校基于统编版小学科学四年级上册编写的校本内容"制作植物图鉴"。

备将植物的图片换成植物书签，有趣又实用。

生2：我要用"（C）结合"的方法来制作校园植物图鉴，我准备给一些植物配诗，让大家更愿意去了解它们。

生3：老师，我也想用这个方法，我准备给植物配上一张二维码身份证，这样肯定很有意思。

生4：我要用"（M）修改"的方法来制作校园植物图鉴，我准备按照季节，将植物归类，这样看起来就很有条理了。

……

3. 分享交流，创新思维设计

师：我们要用创新的思维去发现问题，用理性的思维去思考问题。

下列提问方式供教师参考：

除了按照季节，你还有其他的调整归类方式吗？经过调整和归类，我们要从植物图鉴中找到某一种植物就更方便了。

同学们真有创意。那针对"A（适应）"这一点，谁有想法？

相信这本植物图鉴制作出来后，会得到很多人的喜欢。我们也要物尽其用，将它运用于更多的地方。针对"P（换个用途）"这个角度，请大家想一想它还能有哪些用途。

🔍 **案例分析**

奔驰法的 7 个思考问题的不同方向，能够有效帮助学生拓展思维，使学生能够从不同的角度出发提出有创意的问题。通过课堂的片段展示，我们能清楚地发现奔驰法工具通过不同的思考角度调动了学生在活动中的参与度与积极性，激发学生进一步学习思考。

应用案例 3　八年级跨学科课程[1]

1. 问题引领，激发学生兴趣

师：运用数学建模的方法，我们成功制作了吸管排箫并用它进行了演奏。请大家思考，吸管排箫可以进一步优化吗？你可以用今天学习到的方法自制其他乐器吗？

讨论过程中，部分小组思维受限，讨论难以进行。

1　本案例由杭州市十三中教育集团（总校）阮洲奕老师提供，课程材料为浙教版初中数学八年级下册第六章"反比例函数"。

教师此时介绍奔驰法工具并引导学生使用。

2.教师引导，巧用思维工具

师：吸管这个载体可以被代替吗？生活中还有其他适合制作乐器的材料吗？（S）

生1：我想到皮筋可以制作类似于吉他的弦乐器，通过增减水量制作水杯音阶等。

师：我们目前制作的吸管排箫只能单独吹出一个音，可以进行组合吗？（C）

生2：可以将数根制作好的吸管拼接起来，还可以进行装饰。

师：回想生活中常见的吹奏乐器，它们一般如何改变音调的高低？

生3：笛子、箫等是通过用手指覆盖不同的孔来改变。

师：可以据此想想如何修改我们的吸管排箫。（M）

生4：可以在一根吸管上挖洞，通过用手指覆盖不同的孔来改变振动频率从而改变音调。

师：当改变乐器的载体时，函数模型可能改变，但可以运用数学建模的方法继续探究。

师：目前我们吸管排箫的音量、音色和音调等不太稳定，大家有什么好方法吗？

生5：能否替换吸管的材质？（S）因为吸管容易变形且不够美观。或能否改变吸管的直径？（M）因为直径太大容易漏气……

师：想要研究这个方向的小组可以积极尝试运用不同材质、粗细的吸管或选取合适的材料进行进一步探索。

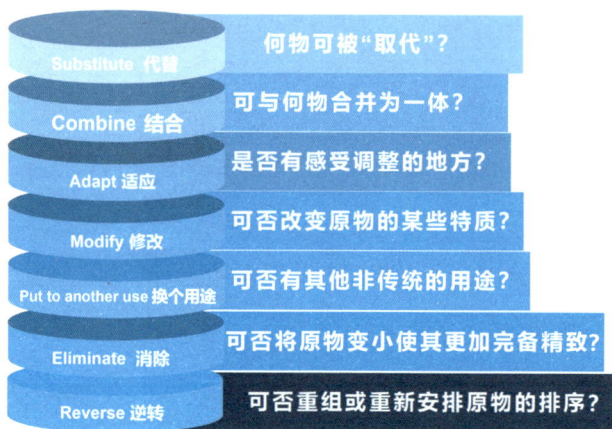

Substitute 代替	何物可被"取代"？
Combine 结合	可与何物合并为一体？
Adapt 适应	是否有感受调整的地方？
Modify 修改	可否改变原物的某些特质？
Put to another use 换个用途	可否有其他非传统的用途？
Eliminate 消除	可否将原物变小使其更加完备精致？
Reverse 逆转	可否重组或重新安排原物的排序？

3. 小组讨论，共享思维成果

学生通过分析现有乐器的不足对其进行优化，思考可否改变其某些特质如音色、材质、结构、组合等以完善乐器。学生在思维工具的一步步引导下，渐渐感受到思考的魅力，愿意主动分享自己的想法，学会多角度地思考问题。

🔍 **案例分析**

我们可以从案例中发现，奔驰法的 7 个不同的思维角度实实在在地与数学问题的解决融合了，通过使用该工具，学生思考的广度和深度都得到了进一步的拓宽、深化，学生学会运用数学思维来解决实际问题，促进了多元能力的形成。

脑力挑战营

奔驰法在课堂的拓展和延伸环节也常常会用到。我们在课堂中可以根据实际需要来进行改造和运用。你想到了什么改造方式呢?

总结

1. 奔驰法是非常好用的头脑风暴工具，由 7 个部分组成。

2. 奔驰法要求学生从 7 个创新的思维角度思考，可以帮助学生产生新的创新想法，做出最佳决策，从而推动创新，提升学生的创造力。

3. 奔驰法的使用时机可以根据课堂内容进行调整，除入项环节外，也可以根据需要在实践等环节使用，亦可与其他思维工具配合使用。

⤓ 工具模板下载

<table>
<tr><td colspan="7">项目名称：_____
团队/个人：_____
使用日期：_____

 奔驰法 </td></tr>
<tr><th>代替（S）</th><th>结合（C）</th><th>适应（A）</th><th>修改（M）</th><th>换个用途（P）</th><th>消除（E）</th><th>逆转（R）</th></tr>
<tr><td>基于这个角度，我这样思考：</td><td>基于这个角度，我这样思考：</td><td>基于这个角度，我这样思考：</td><td>基于这个角度，我这样思考：</td><td>基于这个角度，我这样思考：</td><td>基于这个角度，我这样思考：</td><td>基于这个角度，我这样思考：</td></tr>
</table>

使用说明

　　这个奔驰法模板可以让学生在各个环节使用，如课堂引入环节、课堂实践环节，教师应引导学习者从7个创新的思维角度思考，学习者确定好合适的方法后，可以使用本模板进行头脑风暴，以站在不同的角度想出更多的想法，提升创造力。

http://books.pbl.xiaoleader.com/#/reader/pc/tool/detail?
toolId=1623201156123594753

角色脑暴

你有没有过这样的困扰呢?

在课堂上，学生面对要解决的问题，缺乏主动思考的内驱力；在构思的过程中陷入困境，思考结果没有新意，人云亦云；或缺乏创造性地解决问题的方案；或与学习对象之间难以产生共鸣，无从下手泛泛而谈；师生为解决问题交流时遇到障碍，没有新的灵感……

如果你有类似的困扰，不妨看看角色脑暴工具。

这是一个什么样的工具?

如果我是校长，我会……

角色脑暴是一种特殊的头脑风暴法，是指进行头脑风暴的学生将自己代入某个角色，然后从这个角色的角度进行思考。该方法能够让学生在有限的时间内产生大量不寻常的想法，

帮助小组成员采集不同的观点。

需要准备什么？

角色脑暴记录表或白纸、便利贴。

如何使用这个工具？

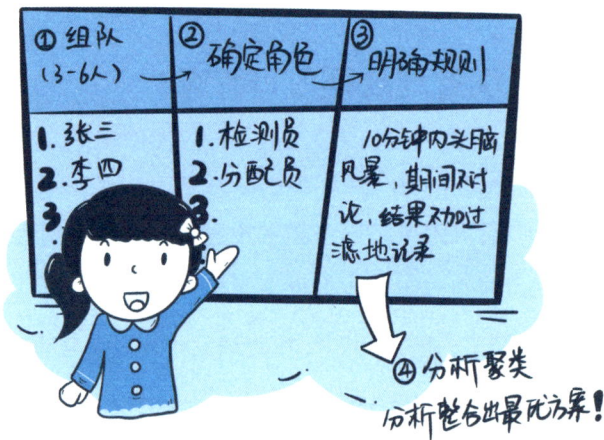

1. 组队

在头脑风暴之前，学习者要进行组队，人数尽量控制在3～6人。人数过少，可能造成讨论不充分；人数过多，可能造成场面混乱，不利于后续意见的汇聚。

2. 确定角色

为解决某一问题，可了解问题的背景、产生的原因、目标等信息，罗列与问题相关的角色，确定团队中各学习者的角色。

3. 明确规则

学习者在规定时间内（如 10 分钟内）进行头脑风暴。在头脑风暴期间，学习者之间不进行任何讨论，只需将想法不加过滤地记录下来。

4. 分析聚类

学习者按小组将在头脑风暴环节中产生的众多方案进行分析和分类，再将方案进行整合或选取最优方案。

角色脑暴使用小贴士

1. 组队需周全

尽可能选择不同类型、能力、专长的人组成一支队伍，这样能从更多角度思考问题，也可以制定团队的目标和章程，方便后续进一步合作。

2. 角色需相关

根据具体问题确定角色，角色可以是某人、某物，也可以是虚拟角色，尽可能多地想象不同类型角色。可以先收集一些角色的特点信息来帮助学习者理解角色。

3. 发散需聚敛

可以配合其他思维工具，如 POV 权衡表等进行想法的汇聚。

脑力挑战营

回顾上面所学，你了解角色脑暴这一工具了吗？在之前的教育教学场景中，你遇到过什么困难呢？你想设计哪些有趣的角色帮助学生进行头脑风暴呢？

如何实践应用这个工具？

应用案例1 三年级美术课程[1]

1. 教师提前告知学生探究主题和支持性工具

师：今天美术课要运用角色脑暴这个支持性工具设计一个功能多且造型美观的台灯。我们要将自己代入某个家庭成员的角色，然后从这个角色需求出发思考问题、头脑风暴。

学生确定小组内家庭成员的角色，如爸爸、妈妈、爷爷、奶奶、孩子等。

1　本案例由杭州市大禹路小学吴昕老师、文一街小学吕恒老师、和家园小学胡嘉乐老师提供，课程材料为浙美版三年级下册"台灯造型设计"。

2. 学生开始角色脑暴

学生从自己的角色出发，利用便利贴记录自己所代入的角色对台灯设计的需求。

3. 学生根据脑暴成果进行交流

生 1：我的角色是妈妈，我认为这个台灯颜色最好是浅黄色的，这个台灯最好能听音乐、听新闻、听故事，形状可以设计成长方体，是充电式的，有三个调节模式。

生 2：我的角色是爸爸，我认为台灯的灯光要能变颜色、更改亮度，台灯最好功能多，可以打电话、下载软件等。

生 3：我的角色是孩子，我认为台灯上要有很多带图案的按钮，按下按钮台灯能说出英语单词、能唱歌，灯光的颜色要保护视力，所以是淡黄色的。整体造型是月亮下的小松鼠，还要带着一点艾草香，可以驱蚊。

4. 组内讨论，整合设计方案

师：同学们真厉害，在这么短的时间内想出了那么多的方案。现在我们将方案整合，设计最适合的台灯！

学生小组讨论整合方案。

案例分析

　　案例在设计造型的过程中，学生确定了脑暴角色——爸爸、妈妈、爷爷、奶奶、孩子。学生从角色的需求出发，发散思维，提出创想，解决问题。使用角色脑暴支持性工具可以让学习者充分了解不同角色、不同立场的不同感知，调动"别人"的大脑为自己服务，产生更多的想法进行方案设计。当然，学习者与角色的共鸣不单是某人，也可以是某物。

应用案例2　五年级科学课程[1]

1. 布置任务介绍规则

　　师：我们为了解决驱动性问题，利用拼图法进行了相关知识的

学习，并回到自己的小组与小伙伴们分享了相关的知识。今天我们就对"如何提升小船运输能力"这个问题进行角色脑暴。可代入的角色有材料研究员、载重研究员、动力研究员和工程队长。

2. 学生进行角色脑暴

师：请你们从自己的角色出发，就这一问题提出自己的观点，写完后按顺时针传递给小组后一位同学，后一位同学也要从自己的角色出发，针对前一位同学的想法进行补充。

3. 学生观点汇报

生（材料研究员）：尽量选择浮力较大、自重较轻的材料。

生（动力研究员）：如果选择单一动力，动力持续时间需增加；如果选择多种动力驱动，可以让小船行驶得更久。

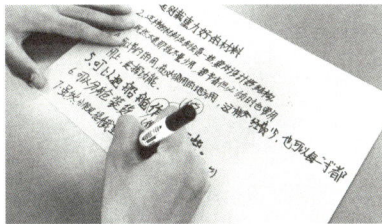

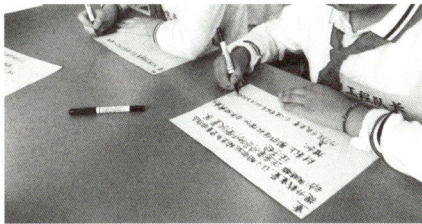

案例分析

在这一研究过程中，学生为解决驱动问题，从材料研究员、载重研究员、动力研究员、工程队长四个角色的视角使用拼图法重新组队参与学习，并基于自己的角色进行头脑风暴，提出尽可能多的方案解决问题，在与同伴的交流中修改并完善自己的设想，在无形中突破了研究的困境，完成知识构建。这样的课堂不再是教师急于教、学生被动学，而是让学生在自学和互学中逐步形成单元知识构建。

应用案例 3　四年级科学课程[1]

1. 布置任务

师：我们已经学习了平衡膳食宝塔，你能参照膳食宝塔合理规划和设计一日三餐的食谱吗？

2. 学生进行角色脑暴

师：下面我们使用角色脑暴工具进行方案创想。你能站在特定角色的角度，帮助别人设计一份营养又科学的食谱吗？这个人可以是肥胖者（比如小猪佩奇的妈妈）、偏瘦者（比如小头爸爸）、老年人或正在生长发育期的儿童，甚至是班里的某一位同学。

学生将自己的脑暴结果填写于工具表里，并传递给下一位同学，基于这个角色进行脑暴，依次轮转两圈，完善食谱。

3. 学生观点汇报

生：给肥胖者设计的食谱要控制其脂肪和糖类的摄入，少肥肉、多粗粮；给偏瘦者设计的食谱要注意不能只给他吃蔬菜，要给他多补充含有丰富蛋白质的食物，比如鱼肉、瘦肉等；给老年人设计的

1　本案例由杭州市行知小学程洁老师、杭州市星洲第二小学何俊霞老师提供，课程材料为教科版科学四年级上册"营养要均衡"。

食谱要注意饮食均衡，少油少盐；给正在发育的儿童设计的食谱要多补充富含蛋白质、维生素的食物，像鱼类、蔬菜、水果等。

案例分析

通过角色的转换，学生能站在他人的角度思考问题，结合他人目前的状况，综合运用所学知识进行头脑风暴，产生更多的想法，这样既可把活动做深做透，又可增加活动的趣味性。

脑力挑战营

与角色脑暴相似的支持性工具还有角色代表圆桌会、角色代入等，查找相关资料，思考它们使用情境与使用方法的异同。

👉 总结

1.角色脑暴是一款简单好用的思维工具，由角色设定、代入脑暴、分析汇报三部分组成。

2.角色脑暴在角色定位的过程中培养学生同理心，在头脑风暴的过程中培养学生的发散思维和创造力，从而提高其解决问题的能力。

3.在使用角色脑暴时，可以搭配6-3-5头脑风暴让头脑风暴更深入，后续还可以使用POV权衡表聚拢思维，得出最优解决方案。

⬇ **工具模板下载**

項目名稱：＿＿＿＿＿＿＿
團隊/个人：＿＿＿＿＿＿＿
使用日期：＿＿＿＿＿＿＿

角色脑暴

角色：	角色：	角色：	角色：
基于这个角色，我想到的：	基于这个角色，我想到的：	基于这个角色，我想到的：	基于这个角色，我想到的：

使用说明

　　学习者在确定自己的角色后，可以直接在这张角色脑暴卡上进行头脑风暴；也可以根据任务轮转卡片进行进阶式头脑风暴；也可以根据任务对卡片进行变式，以激发学习者站在不同角色的角度提出更多的想法。

http://books.pbl.xiaoleader.com/#/reader/pc/tool/detail?
toolId=1623201857037930497

工具 13
KWL 表

你有没有过这样的困扰呢?

在教学设计时,你不能准确把握学生的学情,难以确定教学目标;在教学过程中,你难以突破学生学习的难点;在课堂结束时,你难以诊断学生对本堂课知识掌握到何种程度。你不知该如何借助学生的已有知识,激发学生对未知的好奇,调动学生的学习兴趣,提升学生主动解决问题的能力。

如果你有类似的困扰,不妨看看 KWL 表工具。

这是一个什么样的工具?

KWL 表是一种帮助学生个人或团队在单元课或一节课之前、其中和之后组织信息的图表,可以用来让学生参与到一个新的话题中,激活先前的知识,分享单元目标,呈现学生的学习过程。

"K"代表"已经知道"的内容；

"W"代表"想要知道"的内容；

"L"代表最终"已经学会"的内容。

我们通常会在知识建构(课中)和反思优化(课后)环节使用该表。

需要准备什么？

KWL 表或白纸、便利贴。

如何使用这个工具？

1. 教师介绍

KWL 表是一张能够帮助学生了解自己对知识的掌握程度的表格。教师可以这样向学生介绍："孩子们，今天的课上我们要一起

来完成 KWL 表。第一列'K'代表"已经知道"的内容，我们在课前可以罗列自己对本课主题的了解情况。第二列'W'代表"想要知道"的内容，我们可以根据本课的主题列出自己想知道的内容。第三列'L'代表最终'已经学会'的内容，我们在课程结束时回顾所学，记录下自己掌握的知识。通过对比表格的三列内容，可以判断我们对新学知识的掌握程度。"

2. 使用步骤

第 1 步：发放 KWL 表。把 KWL 表发给学生或者分发一张空白纸，让学生创建他们自己的图表。

第 2 步：根据课程需要，可以在课前或导入环节引导学生完成第一栏"K"（已经知道）。在填写第一栏时，首先引导学生回顾自己的已有知识，可以问："你对这个话题了解多少？"这保证了学生关于某个话题都有讨论的可能性，从已有的知识入手，可降低学生思考的难度和门槛。

第 3 步：教师引出本节课的核心问题后，可以引导学生借助小组讨论等方式完成第二栏"W"（想要知道）。第二栏是设计中最精彩的部分，也是最启发学生思维的部分，可以提问学生："关于这个话题，你想知道什么？"学生分享他们想要学习的内容，可以帮助教师很好地了解学生的需求。

第 4 步：课堂即将结束时，教师引导学生回顾课堂所学并完成第三栏"L"（已经学会）。第三栏是对第二栏中"想要知道"的问题逐一解决之后的总结和反思，可以提问学生："你学到了什么？"这是学新知识必备的存档过程。

📝 KWL 表使用小贴士

1. 介绍需到位

学生在使用该工具时，需要前期对此有基本的了解，知道每一个栏目的大致意思。

2. 回顾需引导

学生在思考讨论前，需要在教师引导下进行相关知识的回顾，教师也可以借助头脑风暴等发散思维的方式，让学生们尽可能地去记录已经知道的相关知识。

3. 分组需周全

在分组中尽可能选择不同类型、能力、专长的人组成一支队伍，能从更多角度思考问题。

脑力挑战营

回顾上面所学，想一想你会如何引导学生在课后独立借助 KWL 表评价自己对知识的掌握程度。

如何实践应用这个工具？

应用案例 1 六年级科学课程[1]

（根据课程需要，教师在 KWL 表中增加了"H"，"H"代表如何解决）

1. 情境介绍，梳理"已知"

师：小小设计师们，从这节课开始，我们要设计、制作、测试、评估改进塔台模型，经历建造塔台的过程，让我们从设计塔台开始吧！请仔细阅读以下内容，包括塔台设计任务要求，以及塔台模型评价表，结合之前工程学习的经历，小组讨论关于塔台模型的设计，你已经知道了什么。共同梳理讨论结果，并将其记录在小组 KWHL 表第一栏的"K"中。

学生围绕塔台设计各项具体要求、小组合作、设计图、形状与结构等畅所欲言。

---

1 本案例由浙江省教育厅教研室附属小学徐璐婷老师提供，课程材料为浙教版小学科学六年级下册"小小设计师"，案例主题为"设计塔台模型"。

2. 各抒己见，整理"未知"

师：我们不仅明确了塔台设计的具体要求，还知道了塔台模型制作评价表的各项要素标准。关于如何开展设计活动，你还有哪些疑惑亟待解决呢？请以小组为单位，各抒己见，将"你们还想知道什么"记录在小组 KWHL 表中的第二栏"W"中。

学生对"有限材料的使用""塔台稳固性的增强""胶带的拼接"等方面提出疑惑。

3. 深入思考，解决"未知"

师：经过组内讨论，各个小组都生成了自己的学习需求。继续深入思考，开启头脑风暴，想一想你们准备如何解决这些问题，并将突破思路记录在 KWHL 表第三栏的"H"中。

学生就各小组亟待解决的疑惑展开思考与探究。

生 1：材料有限，为了防止发生材料不够用的情况，我们可以在设计时就充分考虑吸管和胶带的优化使用。我们可以把各个平面的面积计算好，把每一条边的数据标注出来，并严格按照设计图展开制作。

生 2：三角形具有稳定性，我们在设计中可以多用三角形结构，让整体结构更稳定。塔台的侧边长度和角度要保持一致，这样模型才不会像不倒翁一样。

生3：塔台的拼接应该可以有很多种不同的方式，我们可以提前用吸管试一试，找出多种适用的拼接方式。

生4：观察生活中的塔台，我们可以拓展一些思路。一个稳定的塔肯定是上小下大、上轻下重的，因此我们可以把塔台底座加大加重。通过查阅一些工程设计的资料，我们可以借鉴其中特殊的抗震设计来加大、加重塔台底座，让塔更稳定。

4. 及时反思，更新"收获"

通过以上点拨，教师帮助学生有效开展塔台模型的设计并进行小组交流展示。

师：我们的设计方案完备了吗？是否考虑到了各个因素？我们的设计方案还有需要调整的地方吗？打算怎样进一步调整？在设计过程中，你收获了什么？相信你们肯定有了新的收获，请整理记录在 KWHL 表第四栏的"L"中。

回顾表中"W"一栏，在已解决的问题上画"√"，若产生了新的疑问，也可继续增加。同时回顾第一栏"K"中的已知知识，进行辨析。

🔍 **案例分析**

　　对于六年级的孩子来说，参与一个全新的学习话题，如"小小设计师"单元中塔台模型的工程实践程序，以小组为单位借用 KWL 表贯穿知识的建构与反思优化，有助于学生通过自主探索、实践深化，将已知和未知显化，在迭代中寻求解决问题的思路。通过阅读学生在"K"栏填写的内容，教师可以明确教学的起点；通过阅读学生在"W"栏填写的内容，教师可以明确课堂的生长点；最后通过"L"栏的分享，师生可以共同回顾一节课所学的知识，明确学生的落脚点。

　　若将此图表运用到低段和中段，我们可以根据学生的认知差异对图表进行适当的调整。

应用案例 2　四年级语文课程 [1]

1. 情境介绍，梳理"已知"

　　师：同学们，这节课我们要学习向别人介绍小仓鼠苍苍的特点。当我们遇到以下三个情境时，你会如何介绍苍苍的特点呢？请四人组成一个小组选择一个感兴趣的情境，交流针对这个情境，你们已经知道了什么。

　　出示三个情境：仓鼠走丢、需要他人收养、请人代为喂养。

　　学生讨论小组通过观察和资料搜集，梳理已经知道的关于苍苍

1　本案例由杭州市学军小学黄珩老师提供，课程材料为人教版小学语文四年级上册"我的动物朋友"。

的一些特点。有的学生分享仓鼠的外形特点，有的学生分享仓鼠的饮食习惯，还有的学生分享仓鼠的生活习性。

2.各抒己见，整理"未知"

师：那么在你们选择的这个情境下，关于小仓鼠的特点，你们还有哪些问题呢？

学生小组讨论并写下自己想了解的问题。有的小组提问"'仓鼠走丢'的情境下是否需要介绍仓鼠的生活习性"，有的小组提问"'收养仓鼠'的情境下是否需要介绍仓鼠的外形特点"，还有的小组提问"这三种情境是需要完整地介绍仓鼠的所有特点，还是只需要选择一个主要特点进行介绍"。

3.及时反思，更新"收获"

师：同学们，今天通过小组分享，我们解决了在三个不同情境下介绍小动物特点的问题。请组内回顾第二栏中你们提出的问题，在已经解决的问题上画"√"。接着请你在第四栏中写下本节课的收获。

学生回顾问题，并画"√"。讨论后写下自己的收获。

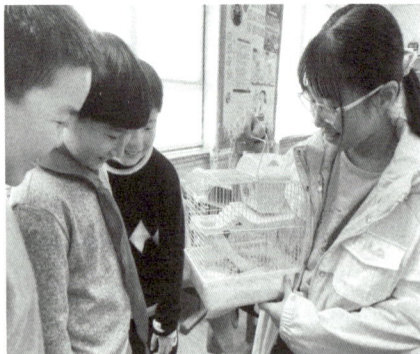

案例分析

KWL 表用于语文习作的教学中，可以启发学生更好地发散思维，调动已知的信息，通过小组讨论发现习作的目的和需求，从而筛选已知信息，补充新的信息，进而达到梳理习作素材的目的。KWL 表运用于习作教学时，可以增强学生的自主性，为学生独立探究提供支架。

脑力挑战营

请思考如何从教师引导学生使用 KWL 表变为让学生在各大学习情境中自主使用 KWL 表。

总结

1.KWL 表是一款简单好用的思维工具，由已经知道、想要知道和已经学会三部分组成。

2.KWL 表可以在课前导入时用于先前学习内容的复习，也可以作为课前预习作业中的一部分，帮助学生梳理已经掌握的内容。

3. 在使用 KWL 表时，可以根据实际的课堂情况、学生的学段和教师的教学风格对其三个环节进行适当调整，以更好地达成学习目标。

工具模板下载

项目名称：＿＿＿＿＿＿
团队/个人：＿＿＿＿＿＿
使用日期：＿＿＿＿＿＿

KWL 表

主题：（ ）		
K	W	L
已经知道的	想要知道的	已经学会的

使用说明

第一列 "K" 代表 "已经知道" 的内容，学生在课前或导入环节可以罗列自己对本课主题的了解情况。第二列 "W" 代表 "想要知道" 的内容，学生可以根据本课的主题提出自己想知道的内容。第三列 "L" 代表最终 "已经学会" 的内容，学生在课程结束时回顾所学，记录下自己掌握的知识。

http://books.pbl.xiaoleader.com/#/reader/pc/tool/detail?
toolId=1623202681839423489

工具 14
象限量表

你有没有过这样的困扰呢？

学生们提出了很多创意，但是难以取舍，每个学生都有各自的坚持，也都不想让步。当你想让学生快速地整理信息、获得对项目改进的有效信息，以便进行方案的迭代优化时，却发现学生毫无头绪，不知如何下手，一节课的时间大多都浪费在争吵中。

如果你有类似的困扰，不妨看看象限量表工具。

这是一个什么样的工具？

象限量表也叫象限图或波士顿矩阵分析图，是用一个直角坐标系作为维度来对信息进行分析的工具。通过横、纵坐标两个维度，分成四个象限，清晰呈现信息的定位，从而筛选信息。象限图可用于问题定义、方案设计、模型迭代、成果评议等不同阶段搜集到的信息的筛

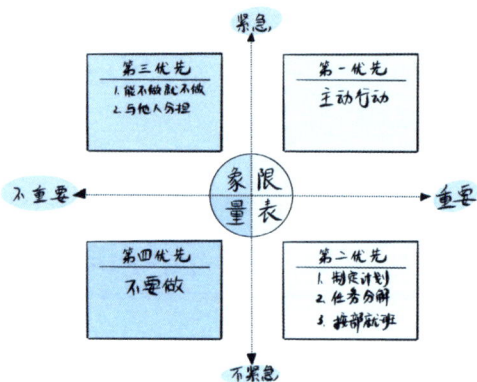

选，可适用于不同的学科，有较强的通用性，比如作文课前期观察的
人物信息筛选，美术课画作展示交流后的改评建议分类等。

需要准备什么？

象限量表模板或记录纸（可提前划分区域）、便利贴、笔。

如何使用这个工具？

1. 确定讨论的问题

为解决某一问题，了解问题产生的背景、原因、目标等信息，确定团队要解决的具体问题。

2. 头脑风暴，收集想法

根据确定要解决的问题，小组内或小组间进行创意的收集，尽可能多地收集信息，鼓励学生发散思维。

3. 整合想法，评估它在坐标系上的位置

采用象限量表，根据横坐标和纵坐标的评价维度，结合小组内实际解决的问题，对收集到的信息进行分类和定位，并将它们写在便利贴上贴到相应区域。

4. 让团队对想法进行投票

根据象限量表分类的信息，组内投票选出对改进方案或设计有效性高的建议。

5. 公布投票结果，并付诸行动

根据投票选出的建议，结合团队的实际方案或设计，对原有方案进行迭代优化。

📝 象限量表使用小贴士

1. 组队需周全

尽可能选择不同类型、能力、专长的人组成一支队伍，这样既便于团队从更多角度思考问题，也有利于制定团队的目标和章程，方便后续进一步合作。

2. 标准可商议

可以根据不同阶段、不同问题设置明确的维度标准。在使用象限量表时，具体的维度可以根据课堂的实际情况、学生的学段等进行适当的调整，也可和高段学生商议标准，如创新性、有效性、可行性、迫切性等。

💡 脑力挑战营

回顾上面所学，想一想你在课堂中有没有遇到过信息多、难处理、无头绪的情况。当你想要对一些信息进行处理、筛选时，会想到使用什么方法呢？快来试一试象限量表工具吧！

如何实践应用这个工具？

应用案例　六年级科学课程[1]

1. 关键词卡：整理分类别

教师采用"画廊漫步"的形式，根据测试数据对塔台模型进行"我喜欢""我希望""我建议"三个方面的评议（建议每位同学至少对其他三个小组进行评议），并将评价内容逐条写在便利贴上，贴在对应区域。

师：每个工程组都获得了许多建议，这些建议的有效性是怎么样的呢？接下来我们要将这些建议进行整理。

师：在整理之前，我们先看看"我喜欢""我希望""我建议"这三个方面评价的内容分别指向了什么。

生："我喜欢"是对模型的夸奖（描述该模型的优点和亮点），"我希望"是对模型的期望（描述该模型的改进方向），"我建议"是对模型的建议（描述该模型改进的具体解决方案）。

师：根据这些建议，我们再一次明确了需改进的问题，进而再次设计、制作、测试、评估。

师：老师今天带来一个整理信息的方法——"象限量表"，一起来看看吧！象限量表是用一个直角坐标系作为维度来对信息进行分析的工具。通过纵、横坐标两个维度，分成四个象限，清晰呈现

1　本案例由杭州市钱塘外语学校张静老师提供，课程材料为教科版小学科学六年级下册"评估改进塔台模型"。

信息的定位，从而筛选信息。今天我们将横坐标设置为有效性，纵坐标设置为可行性。

师：如果将评估建议的便利贴贴到某一位置（课件动画，便利贴贴到象限量表的其中一个象限），代表这个建议是怎样的呢？

生1：代表这项建议是有效性不高、可行性高。

师：怎样的建议才是最有效的呢？

生2：有效性高，可行性高。

师：各工程组都知道了什么样的建议是有效的，接下来请将获得的建议进行梳理和分类。

通过这样的评议方式，学生提出有针对性的建议，逐条填写，让信息清晰有章法。

2. 象限量表：识别优先级

运用象限量表，设置横坐标为有效性，纵坐标为可行性。结合塔台模型，各小组将收集的信息根据四个象限进行分类，并将其写在便利贴上贴到相应区域。

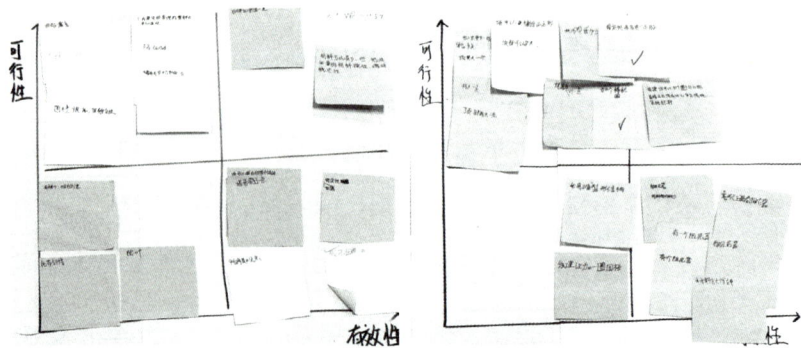

师：同学们，你们是怎么用象限量表整理和分类收集的建议的呢？我们请同学们来分享他们的方法。

生1：我们对收集的评估改进建议一条条进行分析，按照可行性和有效性的高低分类贴到相应的象限区域里。最后在可行性和有效性都高的区域里的建议是我们最需要的改进建议。我们组选出了"通过加重底部，加大底盘增加抗风抗震能力"这条建议进行改进。

师：很棒。同学们你们也是这样整理的吗？

生2：是的。

师：那你们的可行性和有效性都高的建议是怎么选出来的呢？

生3：根据自己组模型的实际情况来判断的。

师：你们真会思考。使用象限量表可以帮助我们整理信息，对信息进行分类，寻找问题解决的方向。象限量表的两个维度还可以根据信息类别来设置不同的分类标准，比如创新性、合理性、真实性等。

通过分类整理信息，培养学生整理、分类和甄选信息的意识，让学生认识到信息是多元化的，要根据实际情况选择真正能够解决问题的建议。

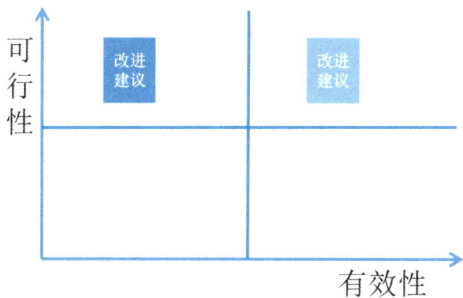

3. 图绘计划：聚焦定思路

结合收集到的有效信息和塔台模型存在的问题，对原方案进行优化，使用图文结合的呈现方式，让学生对接下来的迭代环节有明确的目标，指向性强。

🔍 案例分析

六年级的孩子有信息整理的意识，但面对大量分散无序的信息，他们往往也会手足无措。教师可以借助工具介绍、课堂提问、追问和板书等帮助学生进行信息分类和优化，识别优先级，聚焦并寻找问题解决的方向。象限量表也是将学生从发散到聚合的思维过程可视化的路径之一。

💡 脑力挑战营

象限量表这类处理信息的支持性工具可以和发散思维、收集想法的工具联合使用（如6-3-5头脑风暴）。请查找相关资料，思考象限量表还可以与哪些支持性工具联合使用以便在不同场景中更好地发挥作用。

☝ 总结

1. 象限量表是一款简单好用的思维工具，由横、纵坐标两个维度和四个象限组成。借助图形归类法，它能让我们更直观地感受到对事物的倾向，并同步展示多个事物的分析结果。

2. 象限量表可对问题定义、方案设计、模型迭代、成果评议等不同阶段搜集到的信息进行定位和筛选，适用于不同学科。

3. 在使用时，可以根据不同阶段、不同问题设置明确的维度标准。在使用时，具体的维度可以根据课堂的实际情况、学生的学段等进行适当的调整，也可和高段学生商议标准，如创新性、有效性、可行性、迫切性等，最后以视觉化的方式找出可执行的项目，达成学习目标。

工具模板下载

象限量表

项目名称：_____
团队/个人：_____
使用日期：_____

维度：

维度：

使用说明

在使用时，可以根据不同阶段、不同问题设置明确的维度标准，具体的维度可以根据课堂的实际情况、学生的学段等进行适当的调整，也可和高段学生商议标准，如创新性、有效性、可行性、迫切性等，最后以视觉化的方式找出可执行的项目，达成学习目标。

http://books.pbl.xiaoleader.com/#/reader/pc/tool/detail?toolId=1623204080526561281

工具 15
结构化反馈模型 PDQ

你有没有过这样的困扰呢？

在课堂上，当你让学生们互评交流时，面对他人的作品，有的学生一味地批评他人的不足，有的学生则只说哪里做得好。学生们混乱的评价交流让你沮丧地怀疑自己的教学方法。当你想要让学生在课堂展示中提出精彩的见解时，却发现他们仰着神情迷茫的小脸，与你大眼瞪小眼，根本不知道该说些什么。

如果你有类似困扰，不妨看看结构化反馈模型 PDQ 工具。

这是一个什么样的工具？

P 是 Plus，意思是亮点。D 是 Delta，意思是建议。Q 是 Question，意思是问题。结构化反馈模型 PDQ 是一种结构化的评论反馈模型，能够帮助学生互相提供有意义的反馈和评论。学生按照"PDQ"

的格式对他人的观点或者成果进行反馈和评论，能将自己的想法清晰高效地传达给别人，学生收到"PDQ"反馈，能更好地反思自己的观点或者成果，从而对它们进行迭代。

需要准备什么？

PDQ 表格、便利贴。

如何使用这个工具？

1. 教师介绍

介绍"PDQ"这种结构化的反馈模型。教师需要提前告知学生

要从亮点、建议、疑惑三个角度对他人展示的观点或成果进行评价，由此引导学生有意识地从这三个维度出发，去了解和评价他人展示的观点或成果。

2. 学生记录

学生在倾听别人的观点或看别人成果时，按照"PDQ"的形式把自己的想法写在纸上，或者在 PDQ 表格上进行记录。

3. 交流分享

在一个学生或一组学生表达完观点或展示完成果时，其他学生可以就刚刚记录下的"PDQ"与他们进行交流，促进反思。

结构化反馈模型 PDQ 使用小贴士

1. 反馈需有效

他组成员要能从正面、有效的角度提出改进建议，为成果迭代提供帮助。

2. 表述需清晰

内容表述要直白、清晰，能让收到结构化反馈模型 PDQ 的学生读懂。

3. 反馈需归纳

对于零散的反馈要进行整理归纳，最终形成上一级的观点，指导成果的优化。

4. 吸收需谨慎

整理、吸收他组成员的反馈时，要能辩证地思考他人建议的合理性，取其精华，让作品得到改进。

脑力挑战营

回顾上面所学，想一想你课堂中的哪些情境可以使用结构化反馈模型 PDQ 工具，该工具在不同的教学情境中是否还可以变式使用。

如何实践应用这个工具？

应用案例 1 五年级拓展课程[1]

1. 教师提前告知学生用"PDQ"评价

师：经过前期的认真努力，同学们对于保护水雉已经有了一定的科学建议成果。那今天我们要开展保护水雉成果展示会，邀请每个小组进行展示。其他同学在便利贴上有依据地记录下对他们组的点评。本次点评我们通过"PDQ"的方式进行，P 是亮点、D 是建议、Q 是问题。我们可以参考这样的句式进行点评：我发现一个亮点 _____；我有一个建议 _____；我有一个问题 _____。

学生介绍自己组的方案成果。

2. 学生利用 PDQ 表格记录评价

其他学生利用便利贴记录 PDQ 评价与反馈内容。

---

1 本案例由杭州市转塘小学丁铭老师提供，案例主题为"保护水雉，想想办法吧"。

3.学生根据 PDQ 表格记录进行交流

师：请大家对他们组进行点评。

评价学生1：我们组认为他们组的亮点是考虑相对较全面，从水雉出生到成长都有考虑。我们建议，针对皮划艇活动的合理安排可以再详细调查描述，例如调查水雉在铜鉴湖的生活时间，错开水雉换羽和繁殖时间。我们组还有个问题：如何检测水质？

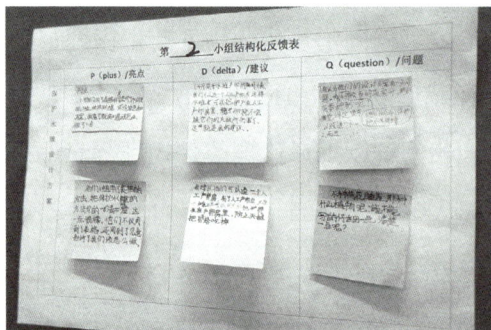

被评价学生：感谢同学点评，我们觉得你对皮划艇活动的建议可以让我们的成果更完善。对于检测水质的疑惑，我来解释下，我们打算网上购买便携的检测水质设备进行检测。

教师引导更多小组对这组学生进行不同的"PDQ"评价。

4.学生根据"PDQ"评价反思迭代成果

师：那接下来大家根据同学们的"PDQ"评价优化改进方案吧！

学生小组讨论修改优化方案。

师：通过倾听他人的点评，你们组在哪些方面进行了调整优化？

生：我们对水雉家园材料使用进行了调整，并仔细调查了适合使用的水质检测器。为了更好地对皮划艇活动提出建议，我们将长时间对水雉生活进行观察，进行数据分析……

师：你们真会思考。对水雉的保护方案也思考得越来越周到了，期待后续的实施，为保护铜鉴湖水雉提供有效的建议和帮助。

🔍 案例分析

结构化反馈模型 PDQ 比较适合高段的学生，他们有一定的独立思考能力和语言组织及表达能力。对于应用结构化反馈模型 PDQ 有困难的学生，教师可以借助板书和课堂提问、追问帮助学生逐步完成结构性点评反馈提升的过程，鼓励学生表达，引导学生耐心倾听，以更好地达成学习目标。通过应用结构化反馈模型 PDQ，我们发现它可以帮助学生分析梳理对其他组的点评，在点评中促进反思优化。对于已经能熟练应用结构化反馈模型 PDQ 的学生，可以借助象限量表工具，增强学生分析建议的能力，为学生理性思维提供支架。

结构化反馈模型 PDQ 的使用可以帮助学生围绕目标更加聚焦地观察和评论他人的设计方案，提升学生点评反馈的能力，还可以帮助激发学生的创意，促进学生优化迭代自己的设计和产品。

应用案例2 五年级体育课程[1]

1. 布置口头 PD 任务

师：老师请两位同学来试一试推实心球的动作，其他同学注意观察他们的动作。请大家关注一下他们动作中哪些地方做得比较好（P），哪些地方你想给他们提出建议（D）。

2. 学生展示动作

两位学生进行推实心球动作的展示。

3. 学生进行简易口头 PD 评价

学生围坐，对刚才的两位同学的展示进行口头 PD 评价。

4. 学生进行反思与迭代

师：同学们，根据刚才的点评，再尝试一下能不能把动作做标准，把实心球推得更远。可以和组内队员比赛。老师来看看谁的进步更明显，谁的动作更标准。

案例分析

体育课上，学生使用该工具时，用写的方式可能比较麻烦，那么可以选择用口头讨论交流的方式，同时还可以简化使用结构化反馈模型 PDQ。在该案例中，学生就围绕 P（亮点）与 D（建议）对学习成果

1　本案例由杭州市和家园小学马鹏超老师提供，案例主题为"原地推实心球"。

进行口头评价。但要注意的是，用这样的形式，教师要给学生充分的时间讨论梳理归纳观点，这样可以让每位学生都有思考的空间。

应用案例 3　五年级语文课程[1]

1.PDQ 方式学科化

师： 接下来，我们就聚焦情绪镜头，开始修改作文！在修改前，老师要送给大家一套"评改密码"，你能看懂这些评改密码吗？

生： 我发现在为他人评改作文时，除了常用的修改符号外，还可以用图形标注简单的"评改密码"：用五角星和波浪线表示写得好；用小路牌和字母表示添加语言、动作、神态的建议；用问号表示有问题需要修改。

2.PDQ 内容增加

师： 还有解码环节哦！你发现了他写得好的地方，要讲一讲好在哪里；你提的增加语言、神态、动作等建议，要具体讲一讲如何添加；你的困惑也都要和同学交流哦。

PDQ	🔒评改密码		解码
亮点	★	写得好	好在哪里？
建议	Y	加语言	如何添加？
	S	加神态	
	D	加动作	
问题	?	有困惑	有何困惑？

---

[1]　本案例由杭州市行知第二小学朱秦晋老师提供，课程材料为统编版小学语文五年级下册第四单元习作"他_____了"。

3. 学生进行 PDQ+："编码与解码"

学生对其他同学的作文进行"PDQ+"评价。

🔍 案例分析

在该课例中，我们将结构化反馈模型 PDQ 工具创意化解读为"评改密码"，让学生用具有学科特色的方式进行 PDQ 评价，并且将对"D"这一维度的评价具象化了，具体指向三个方面，更有针对性。最后一栏"解码"是对 PDQ 的增加项，在学生表达完 PDQ 评价后，还要对自己的评价进行反思和分析，帮助学生解决"改什么"和"怎么改"的问题。这样的"PDQ+"让学生进行了卷入式评价，更好地实现了评价者与被评价者的双赢。

💡 **脑力挑战营**

结构化反馈模型 PDQ 是一款通用型评价与反馈工具，可以应用在课堂中任意一个评价反馈环节。请你回顾自己的课堂，思考在哪些情况下若使用结构化反馈模型 PDQ 工具能更好地推动课堂。

👆 **总结**

1. 结构化反馈模型 PDQ 是一款简单好用的思维工具，由亮点、建议、问题三部分组成。

2. 结构化反馈模型 PDQ 可以运用在课堂中任意一个评价反馈的环节，它能帮助学生更加聚焦地了解和评价作品，能够帮助学生更加高效地表达自己的想法，同时也能让学生更精准地反思迭代自己的作品。

3. 结构化反馈模型 PDQ 的设计可以根据课堂内容进行调整，我们还可以根据自己的需求对它进行改造，它可以有许多衍生用法。

⬇ **工具模板下载**

项目名称：＿＿＿＿＿＿＿
团队/个人：＿＿＿＿＿＿
使用日期：＿＿＿＿＿＿

结构化反馈模型 PDQ

Plus（亮点）	Delta（建议）	Question（问题）
我喜欢：	我的建议：	我的疑问：

使用说明

　　学习者明确要从亮点、建议、疑惑三个角度对他人展示的观点或成果进行评价后，可以先把自己的想法写在便利贴上，然后粘贴在 PDQ 表上，或者直接在 PDQ 表上进行记录；也可以根据不同情境对 PDQ 表进行变式。

---

http://books.pbl.xiaoleader.com/#/reader/pc/tool/detail?
toolId=1623211455312564226

工具 16
公开展示记录单

你有没有过这样的困扰呢?

在教学中,你是否有这样的困惑:在学生进行公开展示后,你尝试询问同学们的意见,大家往往都表现出没有头绪的状态,不知道该如何对他人或自己的展示进行评价与反思,得到的很可能是类似"很好"这种笼统的回答……

如果你有类似困扰,不妨看看公开展示记录单工具吧。

这是一个什么样的工具?

公开展示记录单是学生在进行公开展示之后对这个环节作出反思的记录图表。其内容有"3-2-1",即"3个亮点""2个不足""1条建议"。它能够让学生及

时反思该环节。教师通过公开展示记录单，能够知道学生对该项目的学习情况，从而对学习内容和形式进行调整、优化。

需要准备什么？

公开展示记录单。

如何使用这个工具？

1. 教师介绍

在使用工具前，教师需要向学生介绍公开展示记录单。让学生在倾听或者观察他人作品前明晰要记录的评价内容，这些内容可以指向"3个亮点""2个不足"和"1条建议"。

2. 学生记录

学生在观看公开成果展示的同时，按照"3-2-1"的形式及时填写公开展示记录单。

3. 交流分享

在一个学生或一组学生表达完观点或展示完成果后，其他学生可以就刚刚记录下的"3 个亮点""2 个不足""1 条建议"与他们进行交流，促进反思。

📝 公开展示记录单使用小贴士

1. 多角度思考记录

学生要认真聆听公开展示的内容，及时反思记录，可以从成果内容和展示形式等多种角度思考。

2. 教师及时梳理整合

学生汇报记录单填写的内容，教师根据学生汇报内容进行梳理整合，以便于学生优化公开展示成果。

💡 脑力挑战营

回顾上面所学，想一想哪些学科的课堂中可以使用公开展示记录单工具，以及该工具该如何使用。

🛠️ 如何实践应用这个工具？

应用案例 1　六年级语文课程 [1]

1. 教师启动学习任务

师：前段时间，同学们在"习作四：我的心愿"这一主题习作中纷纷写下了自己的心愿，其中有一部分同学特别希望疫情赶快结束，这样我们就可以无忧无虑地去全国各地旅游啦。虽然，疫情没有停下脚步，但我们却有了一个好办法，那就是"跟着诗词去云旅游"！同学们分小组确定了"云旅游地"，认真搜集了资料，撰写了展示脚本，还拍成了一个个推荐视频。老师把它们都推送到你们手中的平板电脑里啦！

学生观看各组公开展示成果的视频。

2. 教师介绍公开展示记录单

师：同学们看得津津有味，看来这场云旅游真是不虚此行啊！那么，如何让我们的云旅游更加精彩呢？今天，老师就给大家推荐一个记录单小助手，它的名字叫作公开展示记录单。那么，怎么使用这张记录单呢？首先，我们要记录下所观看小组的"3 个优点"，肯定他们的优点让他们有满满的成就感。其次，我们也要发现展示中可以改进的地方，指出"2 个不足"。最后，我们要针对其中一

1　本案例由杭州市翠苑第一小学耿夏琴老师提供，课程材料为统编版六年级下册语文《古诗词诵读——跟着诗词去旅行》。

个不足，提出"1 条建议"，用来帮助他们优化改进，争取下次在汇报展示中更上一层楼。

学生利用公开展示记录单记录公开展示的情况。

3. 学生根据公开展示记录单进行交流

师：请大家对他们组进行点评。

师：同学们非常善于总结和发现，不一会儿就张贴了满满一黑板的思考成果。请你大声地夸奖他们吧！

学生说优点和不足。

师：可是，面对同学们提出来的不足，怎样才能让它们阅读起来更加方便呢？

生：我们可以归类整理一下，把相同的或差不多内容的拿下来，把剩余的部分按类别来排列。（老师请一位学生上台整理）

师：这位同学不仅帮我们筛选了相同的内容，还帮我们将剩余内容分成了两大块。请你说说理由。

生：我是按"内容"和"形式"两个维度来分的，像"内容还可以更加丰富""内容要更加准确"都是从内容上提出的不足之处，像"还可以加入课件来展示""还可以大家一起朗诵"等都是从形式上提出的要求。

师：经过这样一番梳理，我们都知道了在下次汇报的过程中，不仅内容要准备充分，形式也要多样，这样才能更加精彩，更加吸引人。

教师引导更多小组对这组学生进行不同的评价。

4. 学生根据公开展示记录单反思迭代

师：那接下来大家根据同学们的公开展示记录单评价优化改进展示吧！

学生小组讨论修改优化方案。

师：通过倾听他人的点评，你们组在哪些方面进行了调整优化？

生：我们在内容上进行了优化，让内容更加丰富多彩；我们还对汇报的形式进行了优化，不仅有诗朗诵，还有视频观看等。

师：看来这个思维工具确实帮到了你们，希望以后咱们在各种成果展示的时候更加完善！

案例分析

对于高段学生而言，公开展示记录单确实是一个非常实用的反思评价图表。它可以帮助我们及时反思该环节。在成果展示时，各学生小组精心准备，才能完成公开成果展示。在这个过程中，学生要把亮点、不足和建议记录在公开展示记录单中。这样做，不仅能够对自己的思考进行反思，也能在一定程度上帮助教师优化这个项目。

该思维工具除了可以运用在语文学科的公开成果展示中，还可以运用在音乐课的表演展示、美术课的作品展示等学科展示中，能帮助学生对成果展示进行反思，从而调整、优化。

应用案例 2　小学中段音乐课堂 [1]

1. 教师发起任务，介绍公开展示记录单

师：请四支队伍（蓝队、红队、白队和黄队）的同学们在自己组长的带领下，每组分唱歌组、表演组、打击乐伴奏组来完整表演这首春天的歌曲吧。

学生组长把小乐器分配给其他组员，并负责安排唱歌组、表演组、打击乐伴奏组的学生分组进行演练。演练完后将进行正式的表演。

师：请同学们一会儿在观看其他小组表演时拿出公开展示记录单。前面小组表演的时候，后面的小组为前面的小组记录他们的"3个亮点""2个不足"和"1条建议"。（蓝队表演时，由红队记录；红队表演时，由白队记录；白队表演时，由黄队记录；最后黄队表演时，由蓝队记录。）

2. 学生及时记录，反馈记录结果

一组学生表演，其他组学生填写公开展示记录单，并及时对每组的表演进行 3 个亮点、2 个不足和 1 条建议的评价。接着，下一组表演，其他组记录，并反馈记录结果。

3. 教师梳理总结，学生迭代优化

在公开展示记录单工具运用过程中，可以通过聆听、思考帮助

1　本案例由杭州市文一街小学秀水校区成盛老师提供，案例主题为小学中段音乐课"森林音乐会"。

学生梳理、深化在音乐课堂中新学习到的知识，也能通过"3-2-1"的形式让学生思考、记录，对别人和自己学习、表演时的问题更好地进行思考、总结，进一步提升学生在音乐课堂学习和思考的主动性。

🔍 **案例分析**

在这个课例中，教师发起任务后，学生需要通过小组合作演练后进行公开表演展示。为了让学生的公开展示形式更为多样，内容更为优化，启用了公开展示记录单这一支持性思维工具，引导小组记录展示中的"3个亮点""2个不足"和"1条建议"。学生在记录中及时反思并反馈给展示小组，帮助同学优化音乐作品的展示。

💡 **脑力挑战营**

公开展示记录单的设计可以根据课堂需要进行调整，想一想它可以有哪些变式用法。

✋ 总结

1. 公开展示记录单是一款非常实用的思维工具，由"3个亮点""2个不足""1条建议"三部分组成。

2. 公开展示记录单可以使用在课堂中任何成果展示和反思优化的环节，它能帮助学生及时反思该环节，能够帮助学生更加优化地展示自己小组学习的成果，同时也能让学生更精准地反思迭代自己的作品。

3. 公开展示记录单的设计可以根据课堂内容进行调整，我们还可以根据自己的需求对它进行改造，它可以有许多变式用法。

⬇ **工具模板下载**

项目名称：_____
团队/个人：_____
使用日期：_____

公开展示记录单

3个亮点	2个不足	1条建议

使用说明

教师要在学生成果展示前进行工具介绍，学生明确工具使用方法后，根据同伴的成果汇报展示进行表格填写，可以从内容和形式两个维度思考。汇报结束后，学生利用记录单进行反馈，帮助彼此优化成果。

http://books.pbl.xiaoleader.com/#/reader/pc/tool/detail?
toolId=1623212005219373057